Winfried Röser

Lernstationen Religionen der Welt

Differenzierte Materialien für den Ethikunterricht

Der Autor

Winfried Röser studierte Lehramt für Grund- und Hauptschulen mit den Fächerschwerpunkten Religion, Geschichte und Mathematik und war als Schulleiter tätig. Er ist Autor zahlreicher unterrichtspraktischer Veröffentlichungen in den Fächern Deutsch, Ethik und Religion.

3. Auflage 2023

AAP Lehrerwelt GmbH
Veritaskai 3
21079 Hamburg
Telefon: +49 (0) 40325083-040
E-Mail: info@lehrerwelt.de
Geschäftsführung: Christian Glaser
USt-ID: DE 173 77 61 42
Register: AG Hamburg HRB/126335

Wir verwenden in unseren Werken eine genderneutrale Sprache. Wenn keine neutrale Formulierung möglich ist, nennen wir die weibliche und die männliche Form. In Fällen, in denen wir aufgrund einer besseren Lesbarkeit nur ein Geschlecht nennen können, achten wir darauf, den unterschiedlichen Geschlechtsidentitäten gleichermaßen gerecht zu werden.

Autorschaft:	Winfried Röser
Covergestaltung:	TSA&B Werbeagentur GmbH, Hamburg
Illustrationen:	Stefan Lucas sowie Mele Brink (Handy S. 52); Marion El-Khalafawi (Monster S. 8; Tempelbezirk Jerusalem S.58); Julia Flasche (Weihnachtsmann S. 8; Mädchen S. 13; Junge S. 13; Eis S. 52; Flügel S. 66; Geist S. 8); Andrea Friggs-Snuggs (Hexe S. 8); Anke Fröhlich (Freunde S. 52/69); Gisela Fuhrmann (Weltkarte S. 18); Barbara Gerth (Pikto Sonne; Pikto Mond; Pikto Stern; Smileys S. 14/80; Computer S. 52; Fluss S. 58; Vater S. 62); Ingrid Hecht (Engel S. 8/9); Petra Lefin (Pessahfest: Petersilie, Kräuter, Matze, Salzwasser S. 56); Nataly Meenen (Beten S. 42); Katharina Reichert-Scarborough (Kind überlegend S. 15; Kind böse S. 14); Tania Schnagl (Teddy S. 8); Jennifer Spry (Fußball S. 52); Oliver Wetterauer (Fernseher S. 52)
Satz:	Satzpunkt Ursula Ewert GmbH, Bayreuth
Druck und Bindung:	Esser printSolutions GmbH, Bretten

ISBN: 978-3-403-20123-6
www.persen.de

Ethische Grundfragen sind von fundamentaler Bedeutung für das menschliche Zusammenleben, da sie – unabhängig von einer Religionszugehörigkeit – Richtlinien geben, Hilfen anbieten und zur Meinungsbildung beitragen können.

Diese allgemeine Zielsetzung greift der Ethikunterricht in der Schule auf und vermittelt den Schülern[1] auf altersgemäße Weise Informationen, Werte, Erfahrungen und Fragehaltungen.

Prinzipien wie weltanschauliche Neutralität, Erziehung zur Mündigkeit und Toleranz, Demokratie und Freiheit, Achtung vor der Überzeugung und Wertvorstellungen auch der anderen sowie die Ablehnung von Gewalt jeder Art sollen letztlich eine Orientierung für das eigene, selbstbestimmte und verantwortliche Leben geben.

Auch der Ethikunterricht der Grundschule basiert auf diesen beschriebenen Werten. Ausgehend von den Erfahrungen und den Bedürfnissen der Grundschüler werden auf altersgemäße Weise Neugierde geweckt, erste Einsichten vorbereitet, Handlungsalternativen entwickelt, um so den heranwachsenden jungen Menschen zu einem ethisch positiven Handeln zu bewegen. Hierzu bieten sich Themenfelder an, die sich gegenseitig durchdringen und beeinflussen und die weitgehend die gesamte Lebenswelt des Kindes umfassen.

Wie kann die Welt friedlicher werden, wenn nicht einmal die Religionen es schaffen, in Frieden miteinander zu leben? Diese Frage symbolisiert das Spannungsfeld zwischen Annäherung der Religionen und einer noch weit verbreiteten fundamentalistischen Sichtweise, welche die eigene Religion als die einzig richtige und zum Heil führende ansieht.

Von daher ist es unerlässlich, auch schon Grundschülern grundlegende Kenntnisse über die wichtigsten Religionen zu vermitteln, deren Glaubensanspruch im direkten Vergleich zu sehen und religiöse Vorstellungen kritisch zu betrachten. Kognitiv wie emotional kann so Toleranz als Grundlage menschlichen Miteinanders angebahnt werden.

In den vorliegenden **Lernstationen *Religionen der Welt*** wird die Lebens- und Glaubenswelt der Menschen in den fünf großen Weltreligionen Christentum, Judentum, Islam, Buddhismus und Hinduismus beleuchtet und den Schülern nähergebracht. Die Lernstationen sind dabei so aufgebaut, dass die Religionen nicht isoliert und im Nacheinander betrachtet, sondern unter Themenschwerpunkten direkt miteinander verglichen werden können. Grundsätzlich empfiehlt sich hier eine chronologische Bearbeitung der Stationen, da diese thematisch aufeinander aufbauen. Es ist aber auch möglich, einzelne Themen für die Bearbeitung auszuwählen, wenn die Schüler über die erforderlichen Vorkenntnisse verfügen. Eine Wiederholungsstation bietet spielerisches Zusatzmaterial zu den behandelten Themen. Die Lernstationen sind im 2. bis 4. Schuljahr einsetzbar, wobei sich der Themenbereich vor allem für die Klassen 3 und 4 eignet.

Jede Station sollte über ein Stationsschild verfügen. Dazu können die Schilder aus dem Anhang auf DIN A4 kopiert und laminiert werden. Danach kann es einmal geknickt und auf den dazugehörigen Stationstisch gestellt werden. Das dient der besseren Orien-

[1] Wir sprechen hier wegen der besseren Lesbarkeit von Schülern bzw. Lehrern in der verallgemeinernden Form. Selbstverständlich sind auch alle Schülerinnen und Lehrerinnen gemeint.

tierung im Raum. Sollen alle Stationen auf einmal zur Verfügung stehen, könnte es ratsam sein, die Stationen in Ablagekörbchen bereitzustellen. So lassen sie sich schnell auf- und abbauen und können übereinandergestapelt platzsparend verstaut werden.

Zu jeder Station sollten die jeweiligen Arbeitsmaterialien in ausreichender Anzahl gelegt werden. Im hinteren Teil dieses Buches finden sich Lösungen für einen Teil der Arbeitsblätter. Die Lösungen können Sie bei Bedarf etwas versteckt an jeder Station zur Selbstkontrolle bereitlegen. Im Ablagekörbchen können Sie die Lösungen einfach umgedreht unter die anderen Arbeitsmaterialien legen.

Für den Lehrer gibt es eine Stationsübersicht, die die benötigten Materialien auflistet und Lernziele benennt. Die aufgeführten Lernziele werden nicht alle zur gleichen Zeit und nicht alle in einer Stunde von allen Schülern erreicht, sondern im Laufe der Stationsarbeit, die über mehrere Stunden fortgesetzt werden kann. In dieser Übersicht ist auch ein Hinweis vermerkt, wenn für die Übung eine Partner- oder Gruppenarbeit vorgesehen ist.

Die Arbeit an Stationen kann in kleinen festen Gruppen oder in Partnerarbeit erfolgen. Dies bietet die Möglichkeit des Austausches und des Diskutierens, welche Lösungsmöglichkeiten infrage kommen oder wie das Vorgehen zu gestalten ist. Des Weiteren kann in jeder Gruppe ein Leser bestimmt werden. Dies stellt sicher, dass auch Schüler mit Schwierigkeiten im schriftsprachlichen Bereich die Aufgabenstellung verstehen. Zwar sind viele Stationen mit Bildern versehen, jedoch lässt sich manch komplexe Fragestellung visuell nur unzureichend abbilden. Schwierigkeiten im schriftsprachlichen Bereich bedeuten jedoch oft nicht, dass die Fragestellung beim verbalen Vortrag nicht erfasst werden kann.

Der Vorteil dieser Stationen liegt in ihrem flexiblen Einsatz sowie der flexiblen Bearbeitung. Die Stationen eignen sich gut für heterogene Lerngruppen und können auch im integrativen Bereich zum Einsatz kommen. Die Schüler können jede einzelne Station in ihrem Tempo durchlaufen und dabei individuelle Interessenschwerpunkte wählen. Die Lehrkraft hat die Möglichkeit, verschiedene Differenzierungsmöglichkeiten anzubieten. Der Schwierigkeitsgrad der Stationen wird mithilfe folgender Symbole ausgewiesen:

= leicht = mittel = schwierig

Wenn kein Symbol ausgewiesen ist, ist das Arbeitsblatt für alle Schüler gleichermaßen einsetzbar. Hier wird kein Schwierigkeitsgrad zugewiesen.

Die Stationen dürfen nicht als starres Konzept verstanden werden. Nicht jeder Schüler muss jede Station bearbeiten. Es können Schwerpunkte für jedes Kind, orientiert an den individuellen Fähigkeiten, gesetzt werden. Auf dem Laufzettel können Sie in der Spalte „Anmerkungen“ für jeden Schüler Arbeitsanweisungen schreiben, ihm also mitteilen, welche Teilaufgaben einer Station er wie bearbeiten soll. Dies geht am einfachsten, indem Sie den Buchstaben des entsprechenden Arbeitsblattes zusammen mit dem Symbol des Schwierigkeitsgrades aufschreiben. Sie können auch Stationen streichen. Es besteht die Möglichkeit, feste Lerngruppen zu bilden. Dies steigert soziale Kompetenzen und ermöglicht ein Lernen von- und miteinander. In der Regel kommen Schüler während einer Stationsarbeit zwangsläufig ins Gespräch.

Übersicht über die Lernstationen

Station	Schwierigkeitsgrad	Ziele	Material	Anmerkung
Station 1: Religion und Glaube	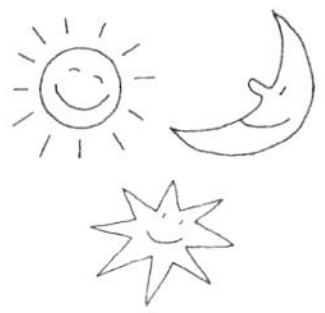	• Begriffserklärung Glauben • Erfahren, aus welchen Gründen Menschen an Gott/Götter glauben • Erfahren, warum es auch Menschen ohne Religion gibt • Die fünf Weltreligionen und deren Symbole kennenlernen	• Schreibstift • Buntstifte • Schere • Kleber • Plakat oder Tonkarton	Arbeitsblatt E (Mond): Partnerarbeit
Station 2: Religion – eine zweite Familie	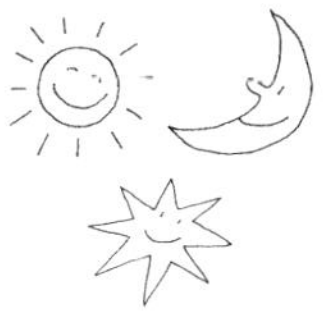	• Riten der Aufnahme in die Religionsgemeinschaft erfahren • Erfahren, welche Bedeutung Glaube für den Alltag haben kann	• Schreibstift	
Station 3: Religionen verehren Gottheiten	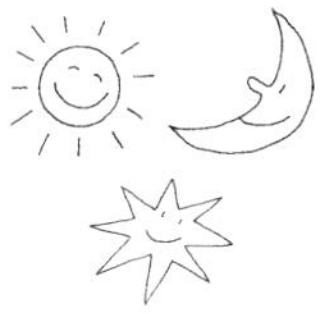	• Vorstellungen über Gott erfahren und vergleichen • Gotteshäuser, Heilige Schriften und besondere Kleidung der verschiedenen Religionen kennenlernen	• Schreibstift • Buntstifte • Schere • Kleber • Blatt Papier oder Tonkarton • Internet (für Rechercheaufgabe)	
Station 4: Religionen und ihre Glaubensvorschriften	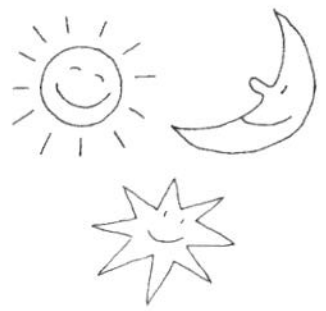	• Die wesentlichen Aussagen der Glaubensbekenntnisse der Religionen erfahren • Verschiedene Formen des Gebets kennenlernen • Die Bedeutung des wichtigsten Wochentages einzelner Religionen erfassen • Sich mit Recht und Unrecht auseinandersetzen	• Schreibstift • Buntstifte • Dicker Filzstift • Plakat oder Tonkarton • Ggf. Bildmaterial, Schere, Kleber	Arbeitsblatt C: Gruppenarbeit
Station 5: Religionen und ihre Feiern und Feste	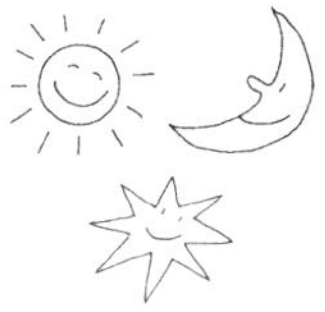	• Lichterfeste verschiedener Religionen kennenlernen • Fastenzeiten und ihre Bedeutung für die Religionen kennenlernen • Religiöse Rituale und besondere Mahlzeiten exemplarisch kennenlernen • Pilgerreisen und ihre Bedeutung für die verschiedenen Religionen kennenlernen	• Schreibstift • Buntstifte • Internet (für Rechercheaufgabe)	
Station 6: Religionen und ihre Gemeinsamkeiten	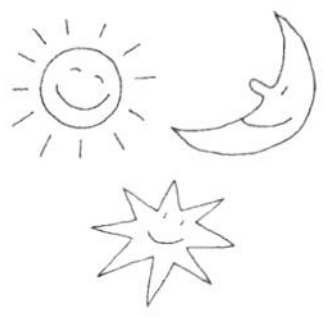	• Sich mit dem Thema Nächstenliebe auseinandersetzen • Die Bedeutung von Sterben und Tod in den Religionen erfahren • Die Frage des Weiterlebens nach dem Tod thematisieren • Sich mit dem Friedensgedanken und Toleranz auseinandersetzen	• Schreibstift • Buntstifte	

Woran glauben Kinder?

A

Kinder glauben an viele Dinge. Kevin und Lukas berichten, woran sie glauben.

Ich glaube, dass wir morgen einen Ausflug machen.

Ich glaube, dass meine Oma im Himmel ist und mich sehen kann.

Ich glaube, dass mein Diktat schlecht wird, da ich nicht geübt habe.

Ich glaube, dass der Nikolaus mir dieses Jahr nichts bringt, da ich oft ziemlich frech war.

▶ Warum macht Kevin ein fröhliches, Lukas aber ein trauriges Gesicht?

____

____

____

____

____

____

____

____

▶ Woran glaubst du in diesem Moment ganz fest?

Ich glaube ______________________________

____

____

____

Woran glauben Kinder? **A**

Jedes Kind, ganz gleich in welchem Land es aufwächst, glaubt an das, was die Eltern, die Familie, die Menschen im Kindergarten oder in der Schule ihm erzählen. Kinder glauben aber auch an Dinge, die für ihr Leben eine besondere Bedeutung haben.

Lena glaubt an Geister. Deshalb schaut sie jeden Abend unter ihr Bett, ob sich dort ein Geist befindet.

Kevin glaubt, dass ihn sein Stoffbär in der Nacht beschützt. Er nimmt ihn jeden Abend fest in seinen Arm, wenn er schlafen geht.

Maria glaubt, dass Engel sie beschützen, wenn sie abends vor dem Schlafengehen mit ihrer Mutter zu ihnen betet.

Saba hat Angst vor Hexen, seit sie einen Märchenfilm gesehen hat. Sie traut sich in der Dunkelheit kaum noch aus dem hellen Zimmer.

Kalle hat einen Wunschzettel an den Weihnachtsmann geschrieben und glaubt fest daran, dass dieser ihn von der Fensterbank mitnimmt.

Seit die Erzieherin von zahnfressenden Monstern erzählt hat, putzt sich Mustafa jeden Abend freiwillig die Zähne.

▶ Verbinde Name des Kindes und Gegenstand richtig miteinander.

▶ Woran hast du geglaubt, als du noch im Kindergarten warst?

____

____

Station 1 — Woran glauben Kinder? A

Im Ethikunterricht einer 3. Klasse haben Schüler aufgeschrieben, woran sie ganz fest glauben.

Karl: Ich glaube ganz fest, dass ich einen Schutzengel habe, der mich vor Unglücken beschützt.

Hanna: Ich glaube ganz fest, dass mein Opa, der im Krankenhaus liegt, bald wieder gesund nach Hause kommt.

Rene: Ich glaube ganz fest, dass der liebe Gott mir morgen bei der Mathematikarbeit hilft, denn ich habe heute zu ihm gebetet.

Kemal: Ich glaube ganz fest, dass es Allahs Wunsch war, dass wir nach Deutschland gekommen sind.

Haiti: Ich glaube ganz fest, dass ich nach meinem Tod in einem anderen Lebewesen ein besseres Leben haben werde.

Luca: Ich glaube ganz fest, dass mein Vater einmal 6 Richtige im Lotto haben wird und dann sind wir reich.

▶ Zu welcher Aussage hast du die gleiche Meinung? Mit wem bist du nicht einverstanden? Suche dir zwei Beispiele aus und schreibe deine Meinung dazu auf.

____

____

Mike glaubt, dass Borussia Dortmund Meister wird, Sven glaubt dies nicht.
Maria glaubt, dass sie einen Engel gesehen hat, Niki hält dies für Unsinn.
Daniel glaubt an Gott, Nele meint, dass es keinen Gott gibt, da noch niemand Gott gesehen hat.

▶ Warum glauben Menschen an Dinge, von denen andere meinen, dass es nie passieren kann oder dass es diese gar nicht gibt?

____

____

▶ Was bedeutet *glauben*? Streiche die falsche Aussage durch.

Glauben heißt: Ich weiß es nicht.
Ich kann es beweisen.
Ich halte es für richtig.
Ich will, dass es so ist.
Ich vertraue fest auf etwas.

Station 1 Menschen glauben an höhere Wesen B

Seit es Menschen auf der Erde gibt, glauben diese an einen Gott oder mehrere Götter.

Hallo, ich bin Urk und lebte vor mehr als 10 000 Jahren. Damals machte ich mit Steinen Feuer für meine Fackel. Damit konnte ich die Höhle beleuchten, um Tiere zu zeichnen und so die Götter bitten, mir bei der Jagd zu helfen.

Ich bin Oma Gerda. Bevor ich einkaufen gehe, besuche ich die Kirche. Dort bete ich zu Gott für meinen verstorbenen Mann.

Ich bin Jussef und verbeuge mich vor meinem Gott. Ich verehre ihn und bin froh, dass er immer für mich da ist.

Ich glaube, dass ______________________________

____

Gott ist immer ______________________________

____

Ich bete für ______________________________

____

▶ Glaubst du an Gott oder ein höheres Wesen? Kreuze an.

☐ Ja, ich glaube. ☐ Nein, ich glaube nicht.

____

Station 1 — Menschen glauben an höhere Wesen — B

Seit es Menschen auf der Erde gibt, glauben diese an Götter. Sie spielen in der Geschichte der Menschheit eine große Rolle.

Die Steinzeitmenschen malten Bilder von Tieren an die Wände von Höhlen. Sie wollten damit ein höheres Wesen bitten, ihnen bei der Jagd zu helfen. Dies war vor ungefähr 15 000 Jahren.	In der Antike bauten die Griechen und Römer riesige Tempel, in denen sie ihre Götter verehrten und ihnen Opfergaben brachten. Dies war vor ungefähr 2000 Jahren.
Im Mittelalter glaubten die Menschen, dass schlimme Krankheiten oder Missernten als Strafe Gottes zu verstehen sind. Sie waren daher sehr gläubig, um Gott gnädig zu stimmen. Die christliche Religion war im Alltag der Menschen sehr wichtig. Dies war vor ungefähr 800 Jahren.	Heute gehören ungefähr 5,5 Milliarden Menschen einer der großen fünf Weltreligionen an. Dies ist im Jahr 2017.

▶ Verbinde mit dem passenden Satz.

Steinzeit	Die Menschen bauten Tempel und brachten Opfergaben.
Antike	Die Menschen glaubten, Krankheiten seien eine Strafe Gottes.
Mittelalter	Die Menschen bemalten die Höhlenwände mit Bildern von Tieren.

▶ Was erhofften die Menschen sich davon, den Göttern Gutes zu tun?

____

____

▶ Wie viele Menschen auf der Erde gehören heute einer der großen fünf Weltreligionen an?

____

____

Station 1 — Menschen glauben an höhere Wesen — B

Seit Menschen die Erde bevölkern, haben sie sich gefragt, woher die Erde kommt und mit welcher Ordnung diese funktioniert. So haben die Menschen seit Tausenden von Jahren an Götter oder höhere Wesen geglaubt. Dies ist bis heute so geblieben, denn heute gehören etwa 80 % der Weltbevölkerung einer der großen Weltreligionen an. Das sind ungefähr 5,5 Milliarden Menschen.

Menschen glauben an einen Gott oder ein höheres Wesen, weil

- ☐ in ihrer Familie alle an Gott glauben.
- ☐ es damit jemanden gibt, dem sie ihre Sorgen erzählen können.
- ☐ das Universum von jemandem geschaffen werden musste, der schon vorher da war.
- ☐ es so viele wunderbare Dinge auf der Erde gibt, die nicht erklärbar sind.
- ☐ das Leben ohne Glauben einfach nach dem Tod zu Ende geht.
- ☐ ein gemeinsamer Glaube die Menschen zusammenhält.

- ☐ ______________________________

▶ Markiere die für dich passendste Aussage mit einem Haken. Welche Aussage lehnst du ab? Markiere sie mit einem Kreuz. Begründe deine Entscheidung.

____

____

▶ Fällt dir noch ein anderer Grund ein, warum Menschen an Gott glauben? Trage deine Antwort in das freie Feld ein.

▶ Schreibe die Gründe, warum Menschen an Gott glauben, in das Schaubild.

Darum glauben Menschen an Gott

Menschen ohne Religion

C

Markus trifft am Sonntag beim Fahrradfahren seinen Schulkameraden Oleg.
„Hallo Oleg, wo gehst du hin?"
„Hallo Markus, ich gehe mit meinem Vater in die Moschee zum Beten."
„Mit Gott habe ich nichts zu tun. Ich habe keine Religion", sagt Markus.

Ela und Katrin unterhalten sich in der Pause.
„In welcher Religionsgruppe bist du?", fragt Ela.
„Ich bin in Ethik, meine Eltern haben keine Religion. Mein Vater sagt immer, dass er nicht an Gott oder so etwas glaubt", antwortet Katrin.

▶ Schreibe die Antworten von Markus und Katrin auf.

Markus: ______________________________

____

Katrin: ______________________________

____

▶ Weißt du, wie viele Kinder in deiner Klasse keiner Religion angehören?

In meiner Klasse haben ______________ Kinder keine Religion.

Es gibt verschiedene Gründe, warum Menschen keiner Religion angehören.

▶ Welcher der Aussagen stimmst du zu? Kreuze an.

- ☐ Wenn die Eltern keine Religion haben, haben auch die Kinder keine.
- ☐ Religion ist oft anstrengend, man hat viele Pflichten.
- ☐ Noch kein Mensch hat Gott gesehen, also gibt es ihn nicht.
- ☐ Ich kann auch ohne Religion alle Feste wie Weihnachten feiern.

Menschen ohne Religion

C

Leonie schreibt in ihr Tagebuch:

Mia hat es gut. Sie kann sonntags lange schlafen. Sie braucht nicht zum Gottesdienst zu gehen.
Heute Nachmittag kann sie ins Schwimmbad gehen und ich muss mit in die Kirche, weil mein Bruder getauft wird. Ich wünschte, meine Eltern hätten auch keine Religion!

▶ Warum ist Leonie sauer?

____

____

In den westlichen Ländern leben immer mehr Menschen, die von sich sagen, dass sie keine Religion brauchen.

Ich brauche keine Religion, weil es Gott nicht gibt.

Menschen, die von sich sagen, dass sie religiös sind, handeln trotzdem schlecht.

Ich kann auch ohne Religion ein guter Mensch sein.

Wenn ich einer Religion angehöre, engt mich dies ein.

Religion gibt oft Antworten, die nicht beweisbar sind – deshalb brauche ich keine.

▶ Welcher Grund ist für dich besonders verständlich und warum?

____

▶ Fallen dir noch andere Gründe ein?

____

____

Station 1 Menschen ohne Religion

C 

Die Eltern von Lara gehören keiner Religion an. Sie glauben nicht an Gott. Lara unterhält sich darüber mit ihrem Vater.

Lara: „Warum haben wir eigentlich keine Religion?“

Vater: „Dafür gibt es mehrere Gründe, Lara.“

Lara: „In meiner Klasse haben jetzt viele Kinder Kommunion. Das hätte ich auch gerne.“

Vater: „Wenn du älter bist, wirst du das sicher besser verstehen können. Dann kannst du auch selbst entscheiden, ob du einer Religion beitreten willst.“

Lara: „Sag mal, warum wollt ihr denn keine Religion haben, Papa?“

Vater: „Die moderne Wissenschaft kann uns alles über die Welt erklären, da brauche ich keinen Gott, an den ich glaube, den ich aber nicht beweisen kann. Mama und ich glauben einfach nicht an ein anderes höheres Wesen. Wir finden, dass man alles mit dem Verstand erklären kann. Deswegen möchten wir auch nicht Teil einer Religion sein, die von ihren Anhängern besondere Pflichten erwartet. Wir möchten uns nicht einengen lassen. Mama und ich sind der Meinung, dass wir keine Religion brauchen, um gute Menschen sein zu können.“

Lara nickt. Darüber muss sie jetzt erst einmal nachdenken.

▶ Hilf Lara dabei, sich die Gründe, die ihr Vater nennt, zu merken. Schreibe sie für Lara auf.

____

____

____

▶ Wie würde ein religiöser und gläubiger Mensch auf die Argumente des Vaters reagieren? Schreibe deine Gedanken auf.

____

____

____

____

Es gibt auf der Welt viele verschiedenen Religionen. Die häufigsten Religionen sind der Islam, das Christentum, das Judentum, der Buddhismus und der Hinduismus.

Ich heiße Tai. Ich bin Buddhist. In meiner Religion verehren wir Buddha. Ich trage ein schlichtes, orangefarbenes Gewand.

Ich heiße Naomi. Ich bin Hindu. Ich habe auf der Stirn einen roten Punkt. Dieser wird Bindi genannt. In meiner Religion verehren wir mehrere Götter: Brahma, Vishnu, Shiva und Ganesha, aber es gibt auch noch viele andere.

Ich heiße Daniel. Ich bin Jude. Unser Gott heißt Jahwe. Auf dem Kopf trage ich heute eine Kippa. Das ist ein schwarzes Käppchen.

Ich heiße Lena. Ich bin Christin. Bei uns wird Gott, Jesus Christus und der Heilige Geist verehrt. Ich trage an meiner Halskette ein Kreuz.

Ich heiße Ima. Ich bin Muslimin. Ich trage ein Kopftuch. In meiner Religion werden Allah und sein Prophet Mohammed verehrt.

- ▶ Verbinde Sprechblase und Bild richtig miteinander.
- ▶ Welche Religionen sind in deiner Klasse vertreten? Schreibe die Namen einiger Kinder und deren Religion auf.

Die großen Weltreligionen **D**

Als die unterschiedlichen Weltreligionen entstanden sind, wussten deren Anhänger nicht, dass in der Welt noch andere Religionen existieren. Jede Religion entstand in einer speziellen Region auf der Erde und berücksichtigt deren Kultur und Tradition.

Daher gibt es auf der Welt viele verschiedene Religionen. Die häufigsten Religionen sind der Islam, das Christentum, das Judentum, der Buddhismus und der Hinduismus.

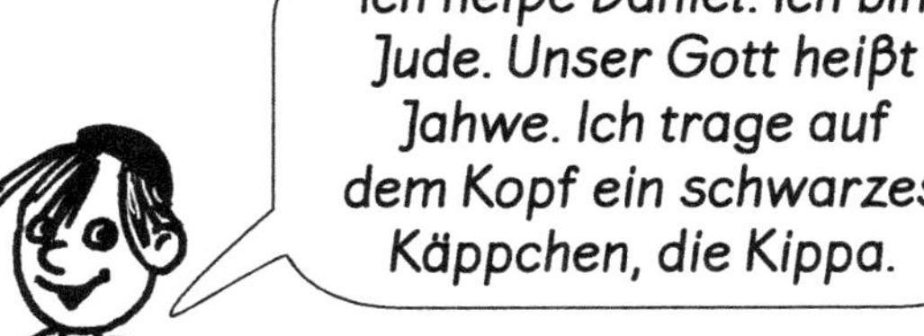

▶ Vervollständige die Tabelle.

Name	Religion	Besonderheit	Gottheit/Gottheiten
Tai			
			Jahwe
		Bindi	
	Islam		
Lena			

▶ Recherche-Aufgabe: Finde heraus, was die hinduistischen Götter Brahma, Vishnu, Shiva und Ganesha bedeuten.

Station 1 — Die großen Weltreligionen — D

Als die unterschiedlichen Weltreligionen entstanden sind, wussten deren Anhänger nicht, dass in der Welt noch andere Religionen existieren. Jede Religion entstand in einer speziellen Region auf der Erde und berücksichtigt deren Kultur und Tradition.

Daher gibt es auf der Welt viele verschiedene Religionen. Die häufigsten fünf Religionen und deren Hauptverbreitungsgebiete zeigt die folgende Weltkarte.

Weltreligionen

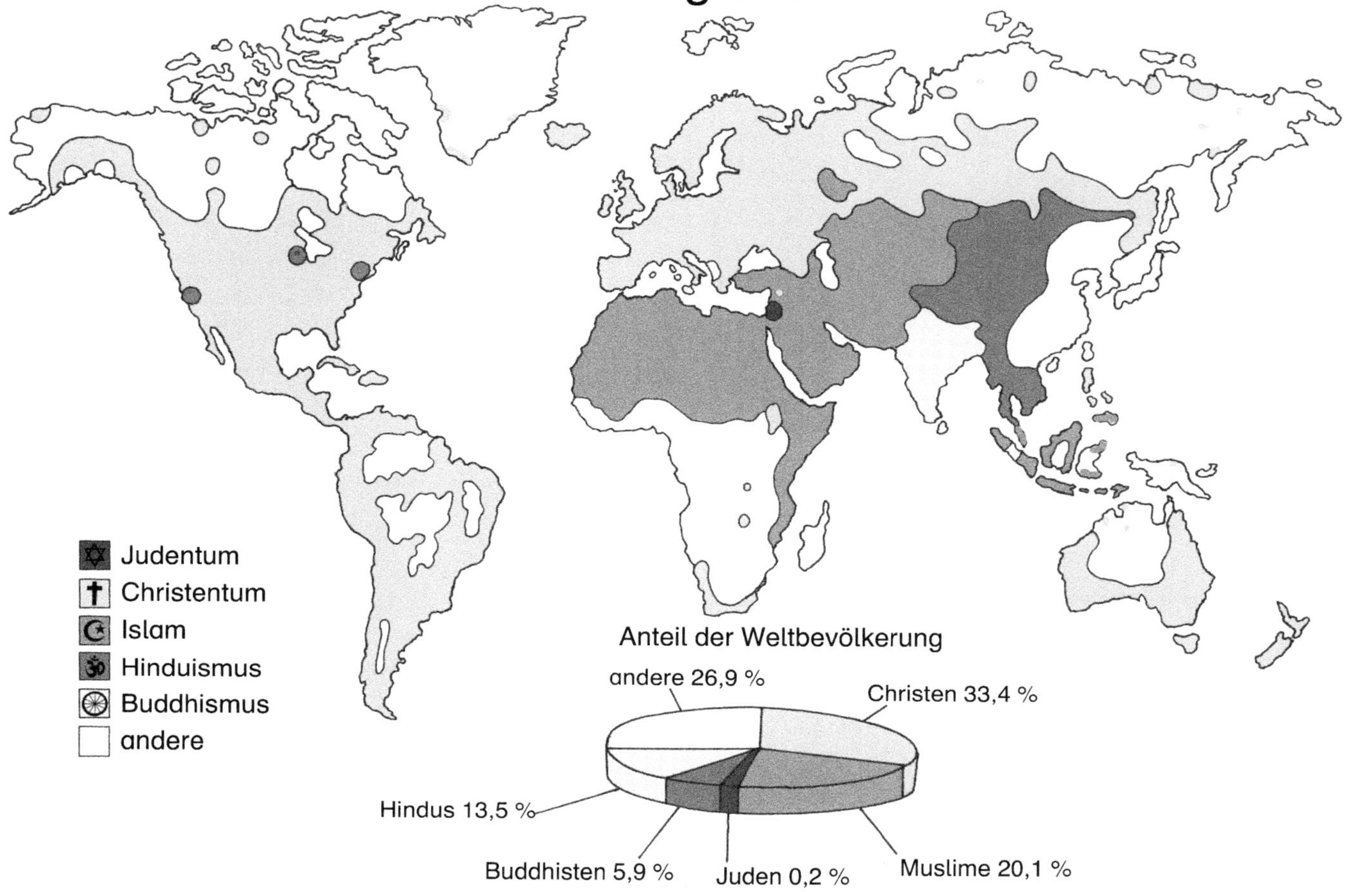

Judentum
Christentum
Islam
Hinduismus
Buddhismus
andere

Anteil der Weltbevölkerung
andere 26,9 %
Christen 33,4 %
Hindus 13,5 %
Buddhisten 5,9 %
Juden 0,2 %
Muslime 20,1 %

▶ In welchen Erdteilen kommen die Religionen vor?

Judentum	Afrika	Asien	Australien	Europa	Amerika
Christentum	Afrika	Asien	Australien	Europa	Amerika
Islam	Afrika	Asien	Australien	Europa	Amerika
Buddhismus	Afrika	Asien	Australien	Europa	Amerika
Hinduismus	Afrika	Asien	Australien	Europa	Amerika

▶ Die Religionen sind heute bedingt durch Mobilität[2] und Flucht über die gesamte Erde verstreut. Was bedeutet dies für eine genaue Eintragung in einer Weltkarte?

____

[2] Mobilität = Wechsel des Wohnortes, z. B. wegen des Berufs, der Familie oder aus anderen Gründen

Station 1 — Symbole der Weltreligionen

E  

Für jede Religion gibt es ein Symbol, an welchem diese Religion sofort erkannt werden kann.

▶ Verbinde Religion, Bild und Beschreibung richtig miteinander. Nutze für jede Religion eine eigene Farbe.

Der Islam gebraucht als Symbol einen Halbmond mit dem Stern als Wegweiser in der Nacht. Er soll die Gläubigen auf dem Weg durch ihr Leben erleuchten.

Das Rad mit den acht Speichen ist das Symbol des Buddhismus. Die acht Speichen stehen für den edlen achtfachen Pfad.

Judentum

Der Davidsstern ist das Symbol des Judentums. Er erinnert an David, den bedeutendsten König der Juden.

Christentum

Islam

Hinduismus

Buddhismus

Das Kreuz als Symbol des Christentums erinnert daran, dass Jesus für die Menschen am Kreuz gestorben ist, um sie zu erlösen.

OM ist das Symbol des Hinduismus und bezeichnet die Kraft, die hinter allem steht und die für uns Menschen unvorstellbar ist.

Station 1 — Symbole der Weltreligionen

E

▶ Schneidet die einzelnen Teile aus und setzt sie so auf einem Plakat zusammen, dass Religion, Symbol, Bedeutung und Anhänger zueinander passen.

Das sind die 5 großen **Weltreligionen**:

Christentum	**Hinduismus**	**Judentum**	**Buddhismus**	**Islam**

So sehen die **Symbole** der Weltreligionen aus:

Die Symbole haben folgende **Bedeutung**:

Der Davidsstern erinnert an den bedeutenden König David.
Der Mond mit dem Stern erleuchet den Weg durch das Leben.
Das Kreuz erinnert an den Tod Jesu für die Menschen.
Das Rad mit den Speichen weist auf den edlen achtfachen Pfad hin.
Die drei Zeichen in dem Kreis beschreiben die Buchstaben O und M. Sie stehen für eine besondere Kraft.

So viele **Anhänger** haben die Religionen ungefähr:

Christen:	2,3 Milliarden	Moslems:	1,6 Milliarden
Juden:	15 Millionen	Hindus:	940 Millionen
Buddhisten:	460 Millionen		

Station 2

Aufnahme in die Gemeinschaft A

Wenn ein Baby geboren wird, freut sich die ganze Familie. Viele Menschen gratulieren den Eltern. Wenn die Eltern religiös sind, wird auch das Baby in die Religionsgemeinschaft aufgenommen.

Lisas Eltern sind Christen. Lisa wird mit 5 Monaten getauft. Der Priester gießt ihr dabei etwas Wasser über den Kopf. Jetzt gehört Lisa auch zu den Christen.

Yussef ist das Baby einer muslimischen Familie. Direkt nach der Geburt flüstert der Vater Yussef ins Ohr: „Es gibt keinen Gott außer Allah." Yussef ist jetzt auch ein Moslem.

▶ Setze die richtigen Wörter in die Lückentexte ein.

Lisa wird ins ________________ aufgenommen. Mit fünf Monaten wird sie ________________. Bei der Taufe ________________ der Priester Lisa etwas ________________ über den ________________.

Yussef wird in den ________________ aufgenommen. Sofort nach der ________________ flüstert der Vater Yussef ins ________________: „Es gibt keinen Gott außer ________________." Jetzt ist Yussef auch ein ________________.

Allah *Kopf* *Moslem* *Christentum* *Geburt* *getauft*
Islam *gießt* *Ohr* *Wasser*

Station 2 — Aufnahme in die Gemeinschaft — A

Kinder, die in eine religiöse Familie geboren werden, haben eigentlich zwei Familien, ihre normale Familie mit Eltern und Geschwistern und die weitaus größere Familie der Religionsgemeinschaft.

Wenn ein Kind geboren wird, erhält es von den Eltern einen Namen. Oft wird auch ein Fest gefeiert und alle freuen sich über den neuen Erdenbürger. Auch in einer Religionsgemeinschaft wird die Geburt eines Kindes besonders gefeiert. Jede Religion hat ihren eigenen Weg, dies zu tun.

Thomas hat ein Brüderchen bekommen. Mit fünf Monaten wird Sven getauft. Damit wird Sven in die Gemeinschaft der Christen aufgenommen.
Der Priester übergießt oder besprengt den Kopf des Kindes mit Wasser und sagt dazu: Sven, ich taufe dich im Namen des Vaters und des Sohnes und des Heiligen Geistes.

Direkt nach der Geburt nimmt Vater Mohammed seine kleine Tochter in den Arm und flüstert ihr ins Ohr: „Es gibt keinen Gott außer Allah und Mohammed ist sein Prophet." Mit diesem Glaubensbekenntis gehört Amna nun zur muslimischen Familie.

Als Li-Yong auf die Welt kommt, wird das ganze Haus mit Blättern und Blumen geschmückt, als Zeichen der Freude und der Dankbarkeit. Ein Familienmitglied oder ein Priester flüstert dem Neugeborenen ein Gebet ins Ohr. Jetzt gehört Li-Yong zur Familie der Hindus.

Tina wurde in eine jüdische Familie geboren. Zunächst hat sie einen gewöhnlichen Namen erhalten. Danach bekam sie noch einen zweiten, hebräischen Namen, der an einen besonderen Menschen aus der jüdischen Geschichte erinnert. Deshalb heißt sie jetzt Tina Rebecca.

Tai wächst in einer buddhistischen Familie auf. Ob er Buddhist werden will, muss er später selbst entscheiden. Er lernt jedoch durch das Beispiel seiner Eltern, worauf es im Buddhismus ankommt.

▶ Finde die passende Religion zum Aufnahmeritus.

	→ Glaubensbekenntnis ins Ohr flüstern
	→ Taufe
	→ Zweiter Name
	→ Gebet ins Ohr flüstern

▶ Was ist im Buddhismus anders als in den anderen Religionen?

____

____

____

Ganz dazugehören

B

Mike ist 14 Jahre alt.
Sie hat sich auf ihre Firmung vorbereitet.
Während der Firmung wird sie vom Bischof gesalbt.
Mike will jetzt als Christin leben.
Im Anschluss an den Gottesdienst gibt es eine kleine Familienfeier.

Samuel ist 13 Jahre alt.
Er hat sich auf seine Bar-Mizwa vorbereitet.
Bei der Feier liest er einen Abschnitt aus der Thora vor.
Samuel gehört jetzt zu den gläubigen Juden.
Nach dem Gottesdienst feiert die ganze Familie.

▶ Beschreibe, was du auf den beiden Bildern siehst.

____

____

____

____

____

▶ Verbinde Bilder und Berichte richtig miteinander.

▶ Vervollständige die Sätze.

Die Feier im Christentum heißt ______________________________.

Die Feier im Judentum heißt ______________________________.

In allen Religionen gibt es besondere Riten und Gebräuche, wie Heranwachsende endgültig in die Religionsgemeinschaft aufgenommen werden.

Luca wächst in einer katholischen Familie auf. Mit 14 Jahren wird er gefragt, ob er sich firmen lassen möchte. Firmung bedeutet, dass Luca Firmunterricht erhält und an besonderen Projekten teilnimmt. Während der Feier bejaht Luca seinen Glauben und erhält vom Bischof einen Wangenstreich als Bestätigung, dass er jetzt Mitstreiter Gottes ist. Nach dem Gottesdienst gibt es eine Feier innerhalb der Familie. Eine ähnliche Zeremonie bei den evangelischen Christen heißt Konfirmation.

Mit 13 Jahren wird Samuel ein Sohn des Gesetzes, ein Bar-Mizwa. Samuel hat sich auf diesen Tag besonders vorbereitet. Er hat im Unterricht etwas Hebräisch gelernt und viel in der Thora gelesen. Bei der Bar-Mizwa-Feier liest Samuel einen Abschnitt aus der Thora in hebräischer Schrift vor. Samuel trägt dabei besondere Kleidungsstücke, einen Gebetsmantel und Gebetsriemen. Danach ist Samuel ein Jude mit allen Rechten und Pflichten.

Mädchen haben im Alter von 12 Jahren eine ähnliche Feier, bei welcher sie zur Bat-Mizwa, einer Tochter des Gesetzes, werden.

Ali geht in die zweite Klasse. Endgültig in die Gemeinschaft der Muslime aufgenommen wird er durch die Beschneidung. Nach dieser Zeremonie schließt sich eine große Familienfeier an, zu der alle Verwandten und Freunde eingeladen sind. Ali trägt voller Stolz ein besonderes weißes Gewand. Jeder kann sehen, dass er jetzt endgültig zur islamischen Gemeinschaft gehört. Er erhält nicht nur Glückwünsche, sondern auch viele wertvolle Geschenke.

Singh ist 10 Jahre alt. Zwischen dem 7. und 12. Lebensjahr begehen hinduistische Jungen die Zeremonie der heiligen Schnur. Singh und ein Priester sitzen sich dabei gegenüber, zwischen ihnen brennt ein kleines Feuer. Es wird gebetet und gesungen. Der Priester legt Singh die heilige Schnur über die linke Schulter. Jetzt gehört Singh zur hinduistischen Gemeinschaft und hat bestimmte Aufgaben in seinem täglichen Leben zu beachten. Er soll die Götter ehren, Armen helfen sowie Eltern, alte Menschen und jedes Lebewesen achten.

Tai lebt in einer buddhistischen Familie. Im Alter von 7 Jahren wird er für einige Monate als Novize in ein Kloster gebracht. Dort wird ihm der Kopf geschoren, als Zeichen der Abkehr von aller Eitelkeit. Außerdem trägt Tai während dieser Zeit eine schlichte Kutte aus gelb-orangenem Stoff. Die Kutte steht für ein einfaches Leben. Tai muss jetzt wie alle Mönche betteln und lernt das Meditieren. Dabei versucht er alle Empfindungen auszuschalten und still in sich zu gehen. Nach der Zeit im Kloster kehrt Tai in seine Familie zurück.

▶ Finde die richtigen Überschriften für die Texte und schreibe sie auf.

Beschneidung (Moslems)

Firmung oder Konfirmation (Christen)

Bar-Mizwa oder Bat-Mizwa (Juden)

Die heilige Schnur (Hindus)

Leben im Kloster (Buddhisten)

Glaube im Alltag

C

In einer religiösen Familie gibt es viele Tätigkeiten, die sich oft, manchmal sogar täglich, wiederholen.

▶ Setze die Wörter aus den Kästen zu Sätzen zusammen und schreibe sie richtig auf.

[Gottesdienst] [die] [Eltern] [den] [besuchen].

[Gott] [sprechen] [Gebet] [Menschen] [die] [im] [zu] [ihrem].

[Lebensmittel] [nicht] [dürfen] [manche] [werden] [gegessen].

[Feste] [gefeiert] [werden] [es] [zu] [Gottes] [Ehre].

[Kindern] [Eltern] [lesen] [aus] [Heiligen Schrift] [der] [ihren] [vor] [manchmal].

[eine] [Kleidung] [besondere] [Festtagen] [an] [Familie] [die] [trägt].

Die Eltern besuchen den <u>Gottesdienst</u>. ______________________________

____

____

____

____

____

Unterstreiche in jedem Satz das Wort, das für die Religion besonders wichtig ist.

Station 2 – Glaube im Alltag C

Jedes Kind, das in einer religiösen Familie aufwächst, wird mit Bräuchen und Verhaltensweisen vertraut gemacht, die direkt auf die Religion zurückzuführen sind. Die Bräuche sind in den einzelnen Religionen verschieden, zeigen aber trotzdem Gemeinsamkeiten.

1. In fast jedem Haus gibt es einen Schrein. Hier sind Bilder oder Statuen der Gottheiten aufgestellt. Der Schrein wird mit Blumen oder Früchten täglich neu geschmückt.

2. In unserer Wohnung hängt ein großes Holzkreuz. Es wird immer am Palmsonntag mit einem geweihten Palmzweig geschmückt.

3. Während der Fastenzeit, dem Ramadan, essen und trinken meine Eltern den ganzen Tag über nichts.

4. Es gibt für unsere Religion ein besonderes Symbol, woran man sie sofort erkennen kann.

5. Ein gemeinschaftliches Gebet in der Synagoge am Sabbat gehört zu unseren religiösen Pflichten.

6. In unserer Religion ist das Meditieren, das Ganz-in-sich-selbst-Zurückziehen, Ausdruck von Frömmigkeit.

7. In unserer Religion gibt es besondere Feste.

8. Vor einem Bild von Buddha opfern wir Weihrauch, Kerzen und Lotusblumen. Wir ziehen die Schuhe aus und setzen uns auf bereitliegende Kissen.

9. Wir haben in unserer Wohnung einen Gebetsteppich, auf den sorgsam geachtet wird. Zum Gebet benötigen wir einen Teppich, sowohl im Haus als auch in der Moschee oder im Freien.

▶ Ordne die im Text genannten religiösen Bräuche der richtigen Religion zu. Aus der Beschreibung des Brauchtums erkennst du, um welche Religion es sich handelt. Schreibe die Ziffern in die Tabelle.

Achtung: Zwei Aussagen passen zu allen Religionen.

Christentum	**Judentum**	**Islam**	**Buddhismus**	**Hinduismus**

Glaube im Alltag

C

Wenn ein Kind in einer religiösen Familie aufwächst, erfährt es viele alltägliche Verhaltensweisen, die direkt mit Glaube und Religion zu tun haben.

- ▷ Vor dem Mittagessen sprechen wir ein Gebet und danken Gott.
- ▷ Jeden Freitag geht mein Vater zum Beten in die Moschee.
- ▷ Freitags gibt es bei uns immer Fisch, nie Fleisch.
- ▷ Am Samstag darf bei uns nicht gearbeitet werden.
- ▷ Oft zieht sich mein Vater zum Meditieren zurück.
- ▷ Beim feierlichen Gebet trage ich einen Gebetsmantel.
- ▷ Ich lese oft in unserem Heiligen Buch.
- ▷ In unserer Religion gibt es besondere Fastenzeiten.
- ▷ Meine Mutter trägt immer ein Kopftuch, wenn sie das Haus verlässt.
- ▷ Wer zuerst aufsteht, zündet ein Räucherstäbchen an.
- ▷ Um Gott zu ehren, machen meine Eltern eine große Wallfahrt.
- ▷ In der Küche hängt ein großes Kreuz mit einem Palmzweig dahinter.
- ▷ Meine Mutter schmückt unseren Familienschrein jeden Tag neu mit Blumen.
- ▷ Am Ende der Regenzeit beschenken wir bei einem Fest bettelnde Mönche.

▶ Unterstreiche in jedem Satz den wichtigsten Begriff, der eine Besonderheit einer Religion beschreibt.

▶ Trage die Wörter in die Mindmap ein.

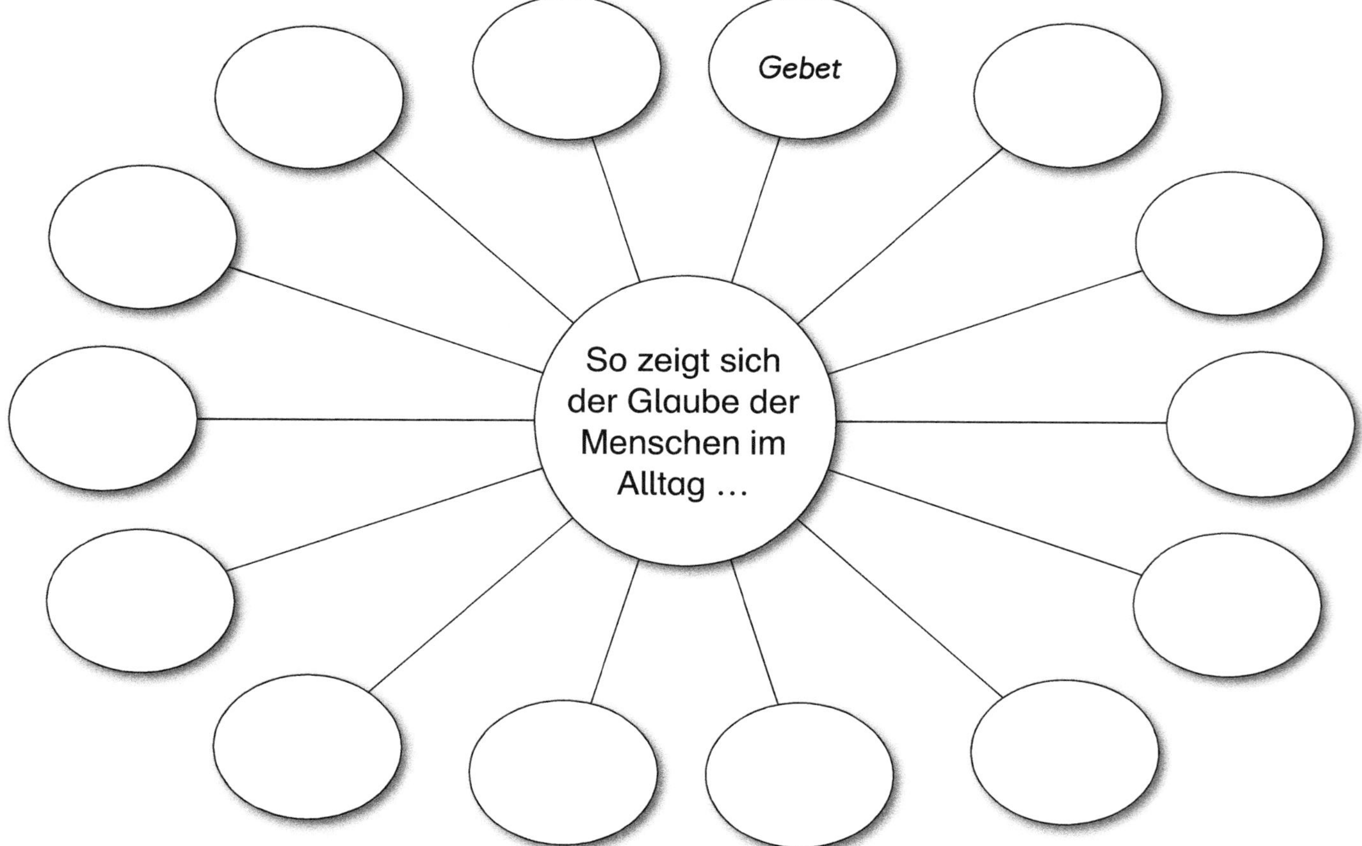

Vorstellungen von Gott

Wer oder was ist Gott eigentlich? Kein Mensch hat Gott je gesehen. Kein Mensch weiß, wie er aussieht. Gott ist keine Person wie ein Mensch. Gott ist ein unsichtbares Wesen.

- ▶ Wie stellst du dir Gott vor? Zeichne in eine der beiden Denkblasen. In die andere schreibst du ein großes Fragezeichen.

- ▶ Schreibe das, was du über Gott weißt, in die große Wolke unter seinem Eingang.

Station 3 — Vorstellungen von Gott — A

Wer oder was ist Gott? Es gibt keinen Menschen, der Gott je gesehen hat. Als der erste Astronaut mit seinem Raumschiff um die Erde flog, sagte er: „Es kann keinen Gott geben, denn ich habe im Weltall keinen gesehen."

Die Menschen haben jedoch bildliche Vorstellungen von Gott entwickelt. In Religionen wie dem Hinduismus gibt es sogar mehrere Götter – einer davon ist Gott Ganesha.

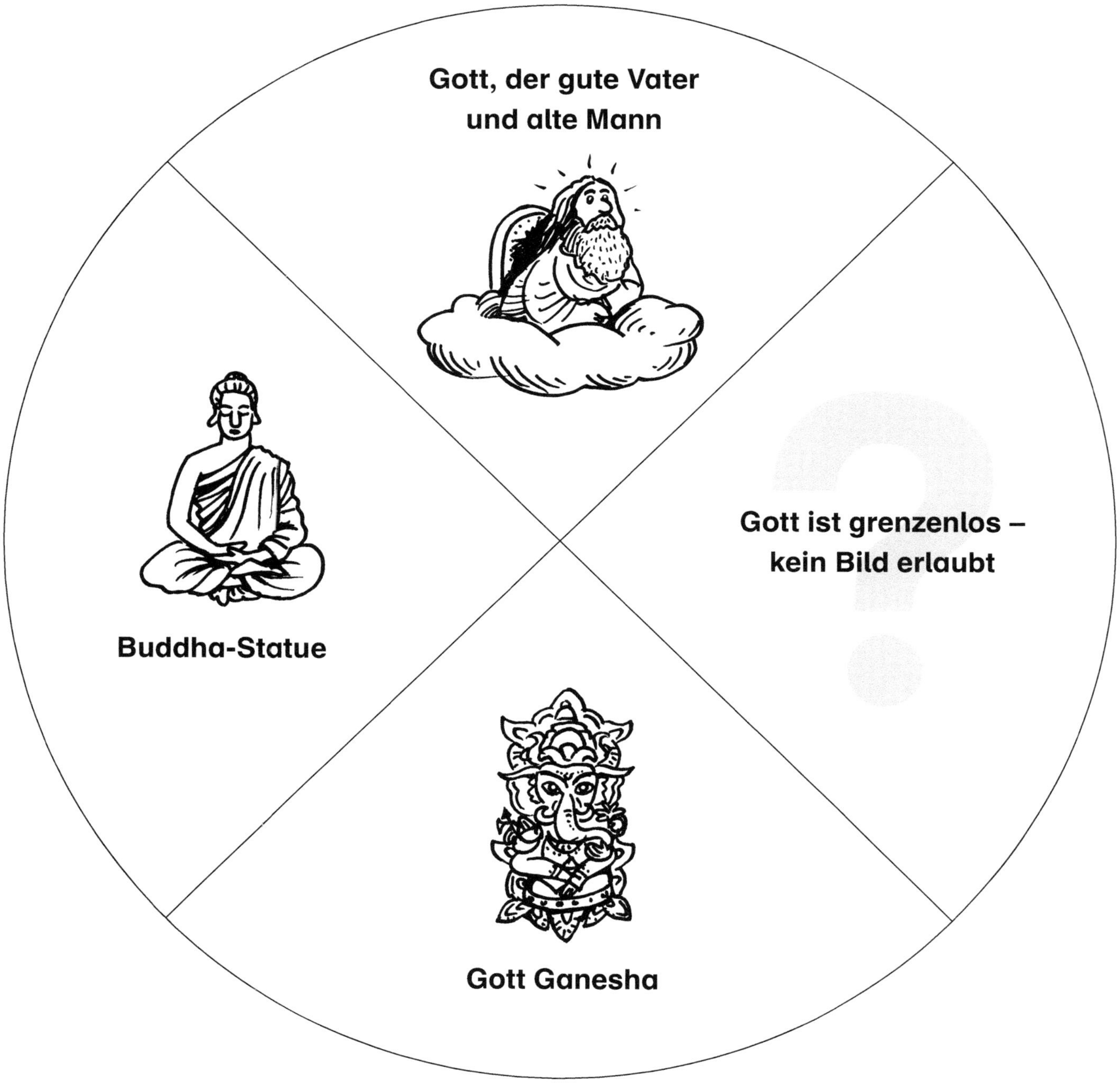

Gott, der gute Vater und alte Mann

Buddha-Statue

Gott ist grenzenlos – kein Bild erlaubt

Gott Ganesha

▶ Beschreibe die vier unterschiedlichen Vorstellungen von Gott.

Vorstellungen von Gott

A

Für einen gläubigen Menschen, egal welcher Religion er angehört, ist es selbstverständlich, dass es einen Gott gibt. Aber wie sieht er aus und was ist er?

Auf diese Fragen gibt es keine Antworten, da noch kein Mensch Gott gesehen hat.

Sicher ist, dass Gott kein liebevoller alter Mann mit Bart ist und dass er auch nicht so aussieht, wie er auf vielen Statuen der Hindus gezeigt wird. Alle diese Bildnisse haben gemeinsam, dass die Menschen versuchen, Gott bestimmte Eigenschaften zuzuschreiben.

Gott ist keine menschliche Person. Gott ist etwas Unsichtbares. Gott ist grenzenlos und unvorstellbar.

Allah, Jahwe, Gott, der Barmherzige, der Ewige, der Gnädige, der Vater, der Richter, der Allmächtige, der Herr, der Erhabene, der Allerhöchste, der Gerechte, der Allwissende.

▶ Warum haben die Menschen Gott diese Eigenschaften wohl gegeben?

____

____

▶ Glaubst du an Gott? Begründe deine Antwort.

____

____

____

In jeder Religion gibt es Orte, in denen Gott besonders verehrt wird. Diese werden Gotteshäuser genannt.

Das ist das Gebetshaus der Muslime. In dem Gebetssaal gibt es eine Nische und eine Predigerkanzel. Wir sehen eine Kuppel und einen hohen Turm, das Minarett, von dem zum Gebet gerufen wird. Vor dem Eingang gibt es einen Brunnen.

Dies ist das Gotteshaus der Christen. Wir sehen das Kreuz und einen Glockenturm. Von dort läuten oft die Glocken. In der Kirche feiern die Christen Gottesdienst. Es gibt darin einen Altar und Bänke oder Stühle.

- ▶ Verbinde Bild und Text richtig miteinander.
- ▶ Beschrifte die Bilder. Verwende dafür diese Wörter:

Moschee *Glockenturm* *Kuppel* *Kreuz* *Minarett* *Kirche*

Gotteshäuser und Gebetsorte **B (1)**

Um ihre Götter verehren zu können, gibt es in den verschiedenen Religionen unterschiedliche Gotteshäuser und Gebetsorte.

▶ Schneide die Wort-, Text- und Bildkarten aus.
Ordne zu, was zu welcher Religion gehört. Klebe die einzelnen Elemente einer Religion auf einem Blatt auf. Nun hast du zu jeder Religion einen Gotteshaus-Steckbrief.

	**Synagoge**	**Moschee**	**Kirche**
Mandir/ Hindutempel	**Buddhistischer Tempel**	**Christentum**	**Islam**
Hinduismus	**Buddhismus**	**Judentum**	

Gotteshäuser und Gebetsorte **B (2)**

Die Synagoge ist ein jüdischer Versammlungsort zum Beten, für den Gottesdienst, für Feiern und zum Lehren und Lernen. Im Inneren gibt es einen Schrank, die Heilige Lade. Hier befinden sich die Thorarollen, ein Lesepult und der siebenarmige Leuchter.

In der Moschee gibt es einen Gebetssaal mit Gebetsnische, der Mihrab. Er zeigt Richtung Mekka. Eine Predigerkanzel und Gebetsteppiche finden sich in der Moschee ebenfalls. Vom Turm, der Minarett genannt wird, ruft der Muezzin zum Gebet. Am Eingang zur Moschee steht für die rituellen Reinigungen ein Brunnen bereit.

Buddhistische Tempel können sehr unterschiedlich aussehen. Oft gehören turmartige Stupas oder Pagoden zu einer größeren Tempelanlage dazu. Diese werden nicht einfach betreten, sondern dreimal umrundet. In der Haupthalle der Tempel stehen große Statuen, vor denen die Gläubigen Blumen, Speisen und Räucherkerzen opfern. Bilder aus dem Leben Buddhas schmücken die bemalten Innenwände.

Die Kirche hat meist einen Glockenturm, in welchem feierlich die Glocken läuten. Im Inneren sind katholische Kirchen oft mit Heiligenfiguren ausgestattet und bebildert.

Altar oder Altartisch, Kanzel und Taufbecken gehören zu jeder Kirche, dazu Bänke oder Stühle und meist eine Orgel.

Im Mittelpunkt des Hindutempels, welcher auch Mandir genannt wird, stehen die Bildnisse der Gottheiten. Hinter einer überdachten Eingangshalle liegt das Allerheiligste mit einem Hauptschrein und mehreren Nebenschreinen. Die Gläubigen gehen im Uhrzeigersinn durch den Tempel. Opfergaben können sie in der Eingangshalle kaufen.

Heilige Lade	Mihrab	Buddha-Statue

Altar	Hauptschrein	

Heilige Schriften

C 

Die verschiedenen Religionen haben unterschiedliche Heilige Schriften.

▶ Male die Begriffe und Bilder der jeweiligen Religionen an. Wähle für jede Religion eine eigene Farbe.

Unsere Heilige Schrift ist in Hebräisch geschrieben. Sie heißt daher auch Hebräische Bibel und wird Tanach genannt. Die wichtigsten Bücher nennen wir Thora. Das sind die Fünf Bücher Mose. Sie erzählen von der Geschichte des Volkes Israel, wie Mose die Zehn Gebote von Jahwe empfangen und diese an das Volk weitergegeben hat. In jeder Synagoge wird mindestens eine handgeschriebene Thorarolle aufbewahrt.

Christentum

Koran

Bibel

Deutsch

Das Buch nennen wir Koran. Es ist in arabischer Schrift geschrieben. Es gibt insgesamt 114 Kapitel, die auch Suren genannt werden. Im Koran steht, wie Allah die Welt erschaffen hat und alle Vorschriften über unseren Glauben. Der Koran sollte nicht auf den Boden gelegt werden, da dieser als unrein gilt. Wir gehen in die Koranschule, um den Koran in arabischer Sprache lesen zu lernen.

Judentum

Arabisch

Thora

Islam

Unsere Heilige Schrift ist die Bibel und besteht aus zwei großen Teilen, dem Alten und Neuen Testament – kurz AT und NT. Im AT steht die Geschichte des Volkes Israel, im NT die Geschichte Jesu und viele Briefe seiner Apostel. Unsere Bibel ist in Deutsch geschrieben, aber es gibt sie auch in vielen anderen Sprachen.

Hebräisch

Heilige Schriften

C (1)

Jede Religion hat ihre eigenen heiligen Schriften, in denen die Grundlagen der Religion, die besonderen Glaubensvorschriften und Gebote sowie Hinweise zu ihrer Entstehungsgeschichte nachzulesen sind.

Ronny darf heute nicht beim Sportunterricht mitmachen, da er am Knie verletzt ist. Deshalb muss er am Unterricht der Parallelklasse teilnehmen. Die Klasse hat Ethikunterricht und Ronny sieht interessiert, dass fünf Tischgruppen aufgebaut sind, auf denen Infozettel und Bücher liegen. Ronny erfährt:

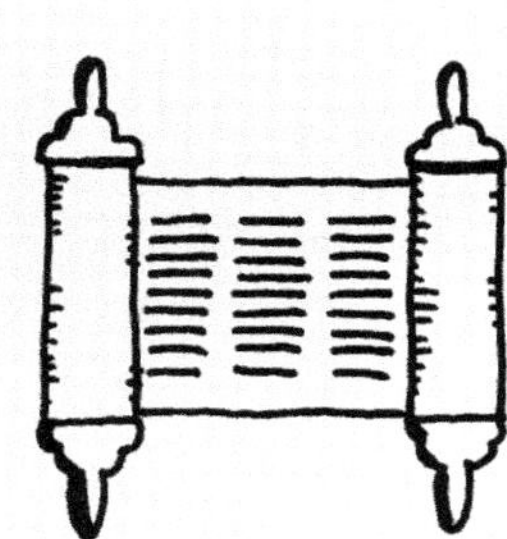

Die **Hebräische Bibel** wird auch **Tanach** genannt. Sie ist in hebräischer Schrift verfasst. Daher lernen die Kinder, diese Sprache zu lesen. Der Tanach besteht aus 24 Büchern und drei Abschnitten. Der Inhalt ist das Wort Jahwes und behandelt die frühe Geschichte des Volkes Israel, die Bücher der Propheten sowie besondere Schriften wie Psalmen, Lieder oder Gebete. Der wichtigste Teil ist die Thora, welche sich mit den Fünf Büchern Mose beschäftigt. In jeder Synagoge findet man eine handgeschriebene Thora in Form einer Pergamentrolle.

Der **Koran** beinhaltet die Worte Allahs zum Propheten Mohammed. Das Buch ist in arabischer Schrift verfasst und in 114 Abschnitte eingeteilt, die Suren genannt werden. Kinder lernen im Koranunterricht Teile des Korans auf Arabisch auswendig. Jede gläubige Familie besitzt einen Koran in arabischer Schrift. Dieser ist oft mit Ornamenten verziert. Der Inhalt des Korans informiert über die Eigenschaften Allahs, die Geschichte der alten Propheten und die Vorschriften über den islamischen Glauben.

Aus der Vielzahl an heiligen Schriften im Buddhismus sind die drei Körbe, welche auch **Tripitaka** genannt werden, die bekannteste. Dies sind auf Palmblättern geschriebene Texte, welche die Worte Buddhas enthalten. Sie sind in drei Körben gesammelt: ein Korb für die Lehrreden, ein Korb für die Ordensregeln, ein Korb für die Auslegung der Lehre.

Heilige Schriften **C (2)**

Bei den Hindus gibt es ebenfalls viele heilige Schriften. Die bekanntesten heißen **Upanishaden**. Sie lehren, dass Brahma allgegenwärtig in jedem Lebewesen wohnt. Die Ramayana zum Beispiel berichten über die Erlebnisse des Gottes Rama auf der Erde.

Die christliche **Bibel** ist in zwei Teile geteilt und besteht aus insgesamt 24 Büchern des Alten Testamentes (AT) und 27 Büchern des Neuen Testamentes (NT). Ursprünglich wurde sie in Hebräisch und Griechisch geschrieben. Heute ist sie in über 200 Sprachen übersetzt und auch auf Deutsch sehr verbreitet.

Im AT sind die frühe Geschichte des Volkes Israel sowie die Prophetenbücher nachzulesen. Im NT sind die Geschichte Jesu und seine Lehre sowie die Geschichten seiner Apostel und deren Briefe verfasst.

▶ Auch Ronny erhält von der Lehrerin eine Tabelle, die er ausfüllen soll. Trage für Ronny die wichtigsten Informationen zu den verschiedenen heiligen Schriften ein.

Religion	Name des Buches	Sprache	Inhalt

▶ Recherchiere im Internet zu den verschiedenen Schriften der unterschiedlichen Sprachen.

Besondere Kleidung

D

Alle Religionen haben besondere Kleidung. So zeigen die Menschen ihre Zugehörigkeit zur Religion.

Ima: In unserer Familie tragen Mädchen und Frauen ein Kopftuch, besonders wenn sie die Wohnung verlassen. Die Kleidung soll undurchsichtig und weit geschnitten sein, damit die Umrisse des Körpers verdeckt bleiben. Manche Frauen tragen einen Nikab, eine Gesichtsverschleierung, bei der nur die Augenpartie frei bleibt. Zusammen mit entsprechender Kleidung ist die Nikab ähnlich wie die Burka eine Ganzkörperverschleierung. Bei der Burka ist die Augenpartie zusätzlich mit einem Stoffgitter bedeckt. Männer tragen zum Gebet eine Kopfbedeckung.

Daniel: Beim Gebet tragen die Jungen und Männer eine Kippa, ein kleines rundes Käppchen am Hinterkopf. Dazu tragen sie den Gebetsschal Tallit, der über Rücken und Schulter gelegt wird, sowie die Gebetsriemen, welche um Arme und Kopf gebunden werden. Eine kleine Kapsel mit Versen aus der Thora hängt an den Gebetsriemen.

Tai: Eine besondere Kleidung gibt es nur bei den Mönchen. Sie tragen ein einfaches, orange gefärbtes, dreiteiliges Gewand und gehen häufig barfuß. Seitlich umgebunden tragen sie eine Tasche für die Bettelgaben.

Lena: Bei den Christen gibt es keine besondere Kleidung. Nur wenn wir in die Kirche gehen, dann ziehen wir uns nicht freizügig oder nachlässig an. Bei der Kommunion tragen die Kinder entweder ein weißes Kleid oder einen Anzug, aber in manchen Gemeinden auch eine einfache graue Kutte.

Naomi: Jeder gläubige Hindu trägt zwischen den Augenbrauen einen kleinen roten Punkt, Bindi genannt. Meine Mutter hat einen aufwendig gestalteten Sari, ein rechteckiges Tuch, das kunstvoll um den Körper gewickelt wird. Ob dies etwas mit Religion oder eher Tradition zu tun hat, weiß ich nicht genau.

▶ Gibt es in eurer Klasse Schüler, die eine besondere Kleidung aus religiösen Gründen tragen? Wenn ja, befrage einen Mitschüler zu seiner Kleidung und schreibe die wichtigsten Punkte auf.

____

____

Das Glaubensbekenntnis

A

Die meisten Religionen vermitteln mit ihrem Glaubensbekenntnis die wichtigsten Grundlagen ihres Glaubens.

Ima und Lena unterhalten sich darüber mit ihren Eltern.

Ima: „Was ist das wichtigste Gebot in unserer Religion?“

Vater: „Das wichtigste Gebot ist die Schahada, das Glaubensbekenntnis:
Es gibt keinen Gott außer Allah und Mohammed ist der Prophet Allahs.
Du kennst diesen Satz schon lange auf Arabisch:
La ila ha illallah Muhammed ur Rasulullah.“

Lena: „Wie lautet das Glaubensbekenntnis der Christen?“

Mutter: „Das Glaubensbekenntnis der Christen wird in jedem Gottesdienst gesprochen.
Ganz einfach ausgedrückt heißt es:
Ich glaube an Gott, den allmächtigen Vater, an Jesus Christus, seinen Sohn, der gekreuzigt wurde und auferstanden ist, an den Heiligen Geist, der die Menschen erleuchtet.“

▶ Bringe Glaubensbekenntnis und Schahada in die richtige Reihenfolge. Schreibe auf.

Es gibt keinen Gott ______________________________
der Prophet Allahs. ______________________________
außer Allah ______________________________
und Mohammed ist ______________________________

seinen Sohn, ______________________________
und den Heilgen Geist. ______________________________
an Jesus Christus, ______________________________
den allmächtigen Vater, ______________________________
Ich glaube an Gott, ______________________________

▶ Welche Begriffe gehören zur Schahada, welche zum Glaubensbekenntnis? Verbinde.

	Vater
	Jesus
Schahada	Christus
	Mohammed
	Sohn
Glaubensbekenntnis	Allah
	Prophet
	Heiliger Geist

Das Glaubensbekenntnis

A

Der Ethiklehrer hat für die heutige Stunde drei Gäste eingeladen:
Pastor Schmitt von der katholischen Kirchengemeinde, Daniels Vater als Vertreter des Judentums und den Imam der muslimischen Gemeinde.

Die wichtigste Pflicht jedes Moslems ist, sich mit der Schahada zu seinem Glauben zu bekennen: Ich bezeuge, dass es keinen anderen Gott außer Allah gibt. Ich bezeuge, dass Mohammed der Gesandte Allahs ist. Auf Arabisch sagen wir: La ila ha illallah Muhammed ur Rasulullah."

„Wir Juden haben kein genau formuliertes Glaubensbekenntnis. Trotzdem gibt es bei uns ein wichtiges Gebet, das Schema Yisrael. Das ist ein Bibelabschnitt, der jeden Morgen und Abend gebetet wird. Höre, Israel, dein Gott ist Herr allein. Auf Hebräisch heißt das: Shema Yisrael, Adonai Eh-lo-hei-nu, Adonai Eh-chad!"

„Die Grundlagen des christlichen Glaubens sind in unserem Glaubensbekenntnis festgelegt, nämlich der Glaube an einen Gott in drei Personen: Gott, den allmächtigen Vater, seinen Sohn Jesus, und den Heiligen Geist."

▶ Fülle den Lückentext aus.

Die Christen glauben an Gott, den allmächtigen ____________________.

Sie glauben an Jesus, seinen ____________________ und den ____________________.

Ein wichtiges Gebet der Juden ist das Schema ____________________.

Das Glaubensbekenntnis der Muslime heißt ____________________.

Mohammed ist der ____________________ Allahs.

Schahada | Sohn | Gesandte | Heiligen Geist | Vater | Yisrael

Station 4 Das Glaubensbekenntnis A

Die meisten Religionen vermitteln mit ihrem Glaubensbekenntnis die wichtigsten Grundlagen ihres Glaubens.

Christentum	**Judentum**
Ich glaube an Gott, den Vater den Allmächtigen, den Schöpfer des Himmels und der Erde. Und an Jesus Christus, seinen eingeborenen Sohn, unseren Herrn, geboren von der Jungfrau Maria, gelitten unter Pontius Pilatus, gekreuzigt, gestorben und begraben [...] am dritten Tage auferstanden von den Toten [...]. Ich glaube an den Heiligen Geist, die heilige christliche Kirche [...].	Höre Israel, der Herr, dein Gott ist Herr allein. Und du sollst Gott den Herrn mit ganzem Herzen, von ganzer Seele und mit ganzem Gemüt lieben. *Shema Yisrael, Adonai Eh-lo-hei-nu, Adonai Eh-chad!*
Islam	**Buddhismus**
Schahada: Ich bezeuge, dass es keinen Gott außer Allah gibt. Ich bezeuge, dass Mohammed der Gesandte Allahs ist. *La ila ha illallah Muhammed ur Rasulullah.*	Buddha lehrte seine Jünger, sich den Vier edlen Wahrheiten zu stellen: *Alle glücklichen Augenblicke sind vergänglich. Leben bedeutet Leiden.* *Das Leiden entsteht, weil die Menschen gierig und selbstsüchtig sind.* *Das Leiden hört auf, wenn die Begierden der Menschen aufhören.* *Es gibt einen Weg, der zum Glück führt, das ist der achtfache Pfad.*

▶ Stelle die wichtigsten Aussagen der Glaubensbekenntnisse gegenüber. Wo sind Gemeinsamkeiten, wo Unterschiede?

Islam: ______________________________

Judentum: ______________________________

Christentum: ______________________________

▶ Welche Sätze zu den vier edlen Wahrheiten von Buddha sind richtig, welche falsch?

- ☐ Glückliche Zeiten dauern sehr lange.
- ☐ Glückliche Zeiten gehen schnell vorbei.
- ☐ Das Leben besteht aus vielen schönen Momenten.
- ☐ Das Leben besteht vor allem aus Leid.
- ☐ Leid entsteht durch gierige Menschen.
- ☐ Leid entsteht, weil Menschen Pech haben.

Zu Gott beten

B

Alle Religionen beten zu ihrem Gott oder ihren Göttern.
Lena ist traurig. Sie geht in ihr Zimmer und betet.

*„Lieber Gott,
ich habe heute Mist gemacht. Ich habe ein Geheimnis meiner besten Freundin verraten. Jetzt ist sie sauer auf mich. Bitte vergib mir und mach, dass meine Freundin mich trotzdem noch mag. Ich möchte sie um Entschuldigung bitten. Amen."*

▶ Warum betet Lena?

____

____

Wer betet, spricht mit Gott, ohne eine direkte Antwort zu bekommen.

Daniel: Wir Juden beten dreimal am Tag. Wir beten im Stehen. Wir tragen beim Gebet einen Gebetsmantel und einen Gebetsriemen.

Ali: Wir Muslime beten fünfmal am Tag, egal wo wir gerade sind. Besonders wichtig ist das gemeinsame Gebet in der Moschee.

Lena: Wir Christen können überall beten, zu Hause, in der Kirche, alleine oder gemeinsam. Beim Beten falten wir oft die Hände.

▶ Ordne Wort und Bild zu.

Christen | Juden | Moslems

Station 4 Zu Gott beten

B

Alle Religionen beten zu ihrem Gott oder ihren Göttern. Aber jede Religion hat ihren eigenen Weg.

Ayshe: Wir beten fünfmal am Tag, egal, wo wir gerade sind, ob zu Hause, bei der Arbeit oder in der Schule. Wir beten immer Richtung Mekka.

Judith: Wir beten dreimal am Tag, morgens, mittags und abends. Dabei preisen wir Jahwe und bitten um seine Gnade.

Stefan: Auch wir beten zu Hause, aber nicht regelmäßig. Meistens bete ich abends, bevor ich schlafen gehe.

Nagin: Wir beten auch regelmäßig. In jedem Haus gibt es einen kleinen Altar mit einer Götterfigur. Dort versammeln wir uns.

Sugath: Wir beten nie zu einem bestimmten Gott. Aber wir meditieren, das heißt, wir versuchen, zur Ruhe zu kommen und lassen uns dabei von nichts ablenken.

Ayshe: Für das Gebet gibt es bei uns verschiedene Gebetshaltungen. Zuerst stehen wir, danach verneigen wir uns. Wir knien nieder, sodass die Stirn den Boden berührt. Danach setzen wir uns.

Nagin: Unsere Andacht nennen wir Puja. Wir schmücken den Altar und zünden Räucherkerzen an. Beim Beten sprechen oder singen wir Mantras.

Stefan: Für uns ist das gemeinschaftliche Gebet im Gottesdienst oder bei Prozessionen wichtig. Das bekannteste Gebet ist das Vaterunser.

Judith: Auch wir kennen das gemeinschaftliche Gebet, vor allem am Samstag in der Synagoge. Aber wir können zu jeder Zeit persönliche Gebete sprechen.

Stefan: Beim Beten danken wir Gott, wir preisen und loben ihn und bitten ihn um seine Gnade und Hilfe.

Nagin: Mit den Mantras versuchen wir, die Götter auf uns aufmerksam zu machen.

Ayshe: Beim Gebet wiederholen wir oft die Worte: Ehre sei Gott, Lob sei Gott, Gott ist größer. Wir vertrauen auf Allah und seine Barmherzigkeit.

Sugath: Beim Meditieren kann sich der Geist in Ruhe auf einen Gedanken richten. So lernen wir, negative Gedanken zu beherrschen und uns positiv zu entwickeln.

▶ Wähle ein Kind aus dem Text aus und erstelle für das Kind einen Gebets-Steckbrief. Schreibe dafür den Namen des Kindes und seine Religion auf.
Notiere nun alles Wichtige über das Beten in dieser Religion.
Wann wird gebetet? Wie wird gebetet? Wo wird gebetet? Warum wird gebetet?

▶ Was ist deine Meinung zum Beten? Betest du? Warum, warum nicht?

___

___

Der wichtigste Wochentag **C (1)**

Freitag

Imran hat seinen Vater Ahmad zum Freitagsgebet in die Moschee begleitet:

„Jeder Freitag ist für uns ein besonderer Tag. Am Mittag gehen alle Muslime zu einem gemeinschaftlichen Gebet in die Moschee, wir nennen es das Freitagsgebet.

Der Muezzin ruft von dem Minarett der Moschee die Gläubigen zum Gebet. Aus allen Richtungen eilen die Männer dann zur Moschee. Alle tragen eine Kopfbedeckung. Am Brunnen gibt es zunächst eine kurze Wartezeit, denn bevor wir die Moschee betreten, müssen wir uns reinigen. Wir waschen dreimal die Hände, spülen dreimal mit Wasser den Mund, säubern Nase und Gesicht, die Achseln bis zu den Ellenbogen, Hals und Ohren. Die Füße waschen wir bis zu den Kniekehlen. Nachdem die Schuhe abgestellt sind, betreten wir den Gebetsraum. Die Gebetsnische ist mit Koranversen und Ornamenten verziert und zeigt Richtung Mekka. Alle Gläubigen stellen sich nebeneinander oder hintereinander auf. Der Imam, unser Vorbeter, steht auf der Kanzel und ist für jeden sichtbar. Mit lauter Stimme beginnt er das Gebet. Alle Gläubigen sprechen gemeinsam die gleichen Worte mit den entsprechenden Gebetshaltungen: Erst stehen wir, dann verneigen wir uns, knien nieder, sodass die Stirn den Boden berührt, und danach setzen wir uns.

Dann predigt der Imam. Er spricht von der Größe Allahs und von den Pflichten, die wir Muslime haben.

Übrigens dürfen Frauen und Mädchen den Gebetsraum nicht betreten. Für sie gibt es in unserer Moschee für das Gebet einen gesonderten, durch eine geflochtene Wand abgetrennten Raum.“

Sonntag

Oma Hildegard erzählt ihrem Enkel von früherer Zeit:

„Eigentlich gibt es auch heute noch einen besonderen Wochentag für uns Christen, das ist der Sonntag, auch wenn wir es heute kaum noch merken. Der Sonntag ist der Ruhetag, in Erinnerung an Gott, der nach der Erschaffung der Welt am siebten Tage geruht hat. An diesem Tag sollen die Christen Gott die Ehre erweisen und keiner Arbeit nachgehen. Früher hat kaum jemand am Sonntag gearbeitet, es sei denn, man musste sein Vieh versorgen.

Jeder Gläubige ist in einen der beiden Gottesdienste gegangen, entweder um 8:00 Uhr in die Frühmesse oder um 10:00 Uhr zum Hochamt. Dabei hat man sich anders angezogen als in der Woche. In der Messe haben wir zusammen gebetet und gesungen, haben uns die Predigt des Pfarrers angehört und sind zur Kommunion gegangen. Dort bekamen wir am Altar eine kleine Hostie, eine runde, geweihte Oblate, die den Leib Christi symbolisiert.

Nach dem Gottesdienst gingen die Männer in eine Gaststätte und die Frauen nach Hause, um zu kochen. Am Nachmittag unternahmen wir meist einen gemeinsamen Spaziergang durch die Natur. Vorher gab es in der Kirche noch eine Andacht. Aber der Besuch war – anders als der Sonntagsgottesdienst – keine Pflicht.“

Samstag

Daniel berichtet über den Ablauf des Sabbats:

„Unser heiliger Wochentag ist der Samstag. Wir sagen dazu Sabbat oder Schabat. Er beginnt am Freitagabend und endet am Samstagabend. Er erinnert an die Erschaffung der Welt durch Jahwe, der den Sabbat geheiligt und uns beauftragt hat, diesen Tag als Ruhetag zu seinen Ehren zu begehen. Deshalb ruht an diesem Tag in Israel auch heute noch der größte Teil des öffentlichen Lebens und vor allem die Arbeit.

Am Freitag wird für den Sabbat die Mahlzeit vorbereitet und das Haus geschmückt. Gegen Abend kehrt dann Ruhe ein, wenn alle zu Hause sind. Mutter entzündet zwei Sabbatkerzen. Die männlichen Familienmitglieder gehen in die Synagoge, um den Sabbat mit Gebet und Gesang zu begrüßen. Die Frauen bleiben meist zu Hause.

Nach der Rückkehr der Männer versammeln sich alle in einem Raum. Der Vater segnet zunächst seine Kinder. Dann wird die tüchtige Hausfrau gelobt. Ein mit Wein gefüllter Kelch wird nach einem Gebet herumgereicht. Die beiden Schabatbrote werden gesegnet und geteilt. Erst nach deren Verzehr beginnt der Festschmaus, zu dem oft Freunde und Gäste eingeladen sind.

Am eigentlichen Sabbat gehen wir morgens zum Gebet in die Synagoge. Dieses ist der längste Gottesdienst der ganzen Woche. Besonders feierlich wird die Thorarolle aus dem Schrein geholt und daraus vorgelesen.

Zwei kleinere Mahlzeiten und der abschließende Abendgottesdienst beenden den Sabbat. Meist bleiben wir am Sabbat zu Hause, denn dieser Tag dient besonders der Ruhe und der Beschäftigung mit der Heiligen Schrift.“

▶ Bildet Kleingruppen mit 3–4 Schülern. Jede Gruppe entscheidet sich für einen besonderen Tag – Freitag, Samstag oder Sonntag.

▶ Lest den passenden Text und markiert wichtige Informationen.

Tragt danach alles Wichtige zu diesem Tag auf einem Plakat zusammen und findet eine passende Überschrift. Gestaltet es ansprechend, zum Beispiel mit Bildern. Stellt den anderen Gruppen euren besonderen Tag vor.

Station 4 — Recht und Unrecht

D  

Es ist Sportunterricht. Auf dem Weg zur Turnhalle sieht Luca den Geldbeutel seines Mitschülers Tim aus dem Turnbeutel schauen. Schnell schiebt er den Geldbeutel tief in die Tasche, damit man ihn nicht mehr sehen kann.

Hanna hat beim Spielen eine wertvolle Blumenvase umgeworfen. Ihre Mama schimpft. Sie fragt Hanna, ob sie die Vase kaputt gemacht hat. Hanna sagt, ihre kleine Schwester habe sie umgeworfen.

▶ Wer verhält sich richtig? Kreuze an.

Luca verhält sich ☐ richtig ☐ falsch.

Hanna verhält sich ☐ richtig ☐ falsch.

▶ Marco hat einen schlechten Tag. Er macht vieles falsch. Wie sollte er es besser machen? Male oder schreibe es auf.

Station 4 Recht und Unrecht D

Menschen brauchen für ein gutes Zusammenleben Regeln. Diese Regeln orientieren sich daran, was Recht und Unrecht ist. Auch Religionen haben Regeln. Im Christentum und Judentum sind das die Zehn Gebote. Die Zehn Gebote hat Mose auf dem Berg Sinai von Jahwe erhalten.

1. Du sollst neben mir keine anderen Götter haben.
2. Du sollst dir kein Götterbild machen und dich nicht vor anderen Göttern niederwerfen.
3. Gedenke des Sabbats und halte ihn heilig.
4. Ehre deinen Vater und deine Mutter.
5. Du sollst nicht töten.
6. Du sollst nicht die Ehe brechen.
7. Du sollst nicht stehlen.
8. Sag nichts Unwahres über deinen Mitmenschen.
9. Begehre nicht, was deinem Mitmenschen gehört.
10. Du sollst nicht begehren deines Nächsten Hab und Gut.

▶ Worum geht es in den Geboten 1–3?

☐ Um den Umgang des Menschen mit Gott.
☐ Um den Umgang der Menschen untereinander.

▶ Worum geht es in den Geboten 4–10?

☐ Um den Umgang des Menschen mit Gott.
☐ Um den Umgang der Menschen untereinander.

▶ Findest du, dass die Zehn Gebote auch für Menschen gelten, die nicht an Gott glauben? Wenn ja, welche?

☐ 1. ☐ 2. ☐ 3. ☐ 4. ☐ 5.
☐ 6. ☐ 7. ☐ 8. ☐ 9. ☐ 10.

Recht und Unrecht

D

Überall, wo Menschen zusammen leben, gibt es Regeln und Gesetze, nach denen sie sich richten müssen.

Die 10 Gebote der Juden und der Christen	**Die 10 Lebensregeln der Hindus**
1. Du sollst neben mir keine anderen Götter haben. 2. Du sollst dir kein Götterbild machen und nicht andere Götter verehren. 3. Gedenke des Sabbats und halte ihn heilig. 4. Ehre deinen Vater und deine Mutter. 5. Du sollst nicht töten. 6. Du sollst nicht die Ehe brechen. 7. Du sollst nicht stehlen. 8. Sag nichts Unwahres über deine Mitmenschen. 9. Begehre nicht, was deinem Mitmenschen gehört. 10. Du sollst nicht begehren deines Nächsten Hab und Gut.	1. Zerstöre nichts und verletzte weder Mensch noch Tier. 2. Du sollst nicht lügen. 3. Du sollst nicht stehlen. 4. Du sollst nicht andere beneiden. 5. Du sollst nicht unbeherrscht und gierig sein. 6. Du sollst dich rein halten. 7. Du sollst zufrieden sein. 8. Du sollst freundlich und geduldig sein. 9. Du sollst dich bilden. 10. Du sollst so handeln, wie die Götter es möchten.
Die 5 Säulen des Islam	**Die 5 Grundregeln des Buddhismus**
1. Du sollst das Glaubensbekenntnis, die Schahada, vor jedem Gebet sprechen. 2. Du sollst fünfmal am Tag die Salât beten. 3. Du sollst im Ramadan fasten. 4. Du sollst Bedürftige unterstützen. 5. Du sollst einmal im Leben nach Mekka pilgern.	1. Verletze oder töte weder Tier noch Mensch. 2. Nimm nichts, was dir nicht gehört. 3. Du sollst keine Beziehung ohne Liebe eingehen. 4. Du sollst nicht lügen oder Grausamkeiten erzählen. 5. Du sollst keinen Alkohol trinken oder Drogen nehmen.

▶ Vielleicht ist dir aufgefallen, dass manche Regeln in allen Religionen auftauchen. Unterstreiche diese Regeln grün.

▶ Was denkst du, warum gibt es manche Regeln in allen Religionen?

____

____

▶ Gelten diese Regeln auch für Nichtgläubige?

____

____

____

Lichterfeste **A**

Brennende Kerzen bereiten vielen Menschen Freude.

▶ Woran denkst du, wenn du eine brennende Kerze siehst? Male an.

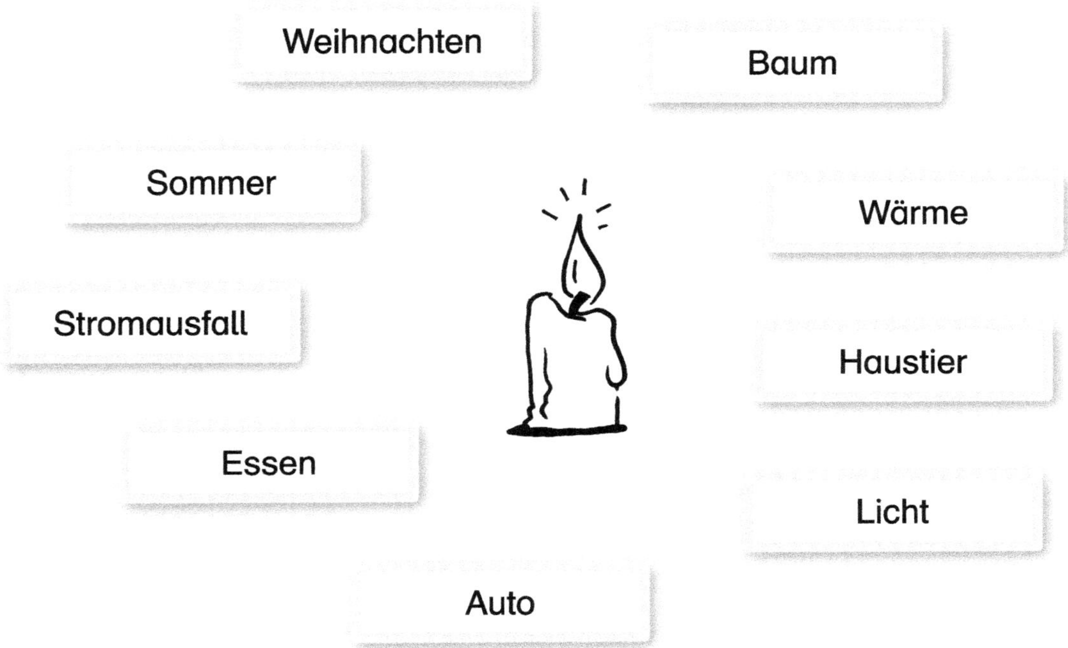

▶ Streiche die Aussagen durch, die für dich nicht zutreffen.

Kerzen machen Licht.

Kerzen erinnern an Weihnachten.

Wenn ich Kerzen anschaue, werde ich froh.

Kerzen machen mir Angst.

Kerzen sind gefährlich.

Kerzenschein bedeutet Ruhe.

Flackernde Kerzen bringen schlechte Gedanken.

Kerzen sorgen für Wärme.

▶ Schreibe die beiden für dich wichtigsten Aussagen in Schönschrift auf.

Lichterfeste **A**

Kerzenflammen erhellen die Dunkelheit. Sie nehmen den Menschen die Angst und sind ein Zeichen für Schönes und Hoffnung.

Jedes Jahr im Winter feiern wir Juden das Chanukka-Fest. Dafür haben wir einen besonderen Leuchter mit neun Kerzenarmen. Wir feiern das Fest als Erinnerung an die Zeit, als die Israeliten unter der Belagerung der Griechen leiden mussten und sich dagegen wehrten, deren Götter zu verehren. Nach ihrem Sieg fanden die Juden in ihrem Tempel ein einziges kleines Fläschchen Öl. Darin war nur Öl für einen einzigen Tag. Sie zündeten den siebenarmigen Leuchter an und wie durch ein Wunder brannten die Kerzen acht Tage lang. Da hatten sie bereits neues Öl hergestellt. Nun weihten sie den Tempel ein. Chanukka heißt nämlich „Einweihung".

Das Chanukka-Fest dauert acht Tage. Jeden Tag zünden wir eine neue Kerze an. Wir stellen den Chanukkaleuchter immer ins Fenster, sodass er von der Straße aus gesehen werden kann. Aber nicht nur die Lichter strahlen jeden Abend, sondern es ist auch eine Zeit mit fröhlichen Spielen, mit kleinen Festen und Geschenken innerhalb der Familie und mit nahen Verwandten. So können wir das Licht und die Freude an viele Menschen weitergeben oder mit ihnen teilen.

▶ Welche Aussagen über das Chanukka-Fest sind richtig? Kreuze an.

- ☐ Das Chanukka-Fest dauert acht Tage.
- ☐ Der Chanukkaleuchter hat zehn Kerzen.
- ☐ Das Fest erinnert an einen Aufstand der Israeliten.
- ☐ Jeden Tag wird eine weitere Kerze angezündet.
- ☐ Für das Chanukka-Fest werden keine Verwandten eingeladen.
- ☐ Chanukka bedeutet Abschied.
- ☐ Die Israeliten litten unter der Belagerung der Spanier.

▶ Schreibe die falschen Sätze richtig auf.

Lichterfeste A

Lichterfeste gehören zu den großen Gemeinschaftsfesten der Religionen. Auch im Hinduismus und Buddhismus gibt es besondere Lichterfeste.

Ranesh berichtet vom hinduistischen Lichterfest Diwali.

„Diwali wird – je nach Datum des Neumondes – Ende Oktober oder Anfang November gefeiert. Diwali bedeutet Lichterkette. Unzählige kleine Lampen und Kerzen stehen in den Fenstern der Häuser und den Tempeln. Oft gibt es dazu noch ein großes Feuerwerk. Mit dem Fest ehren wir den Sieg des Guten über das Böse, denn unser Lehrer in der Schule hat erzählt, dass einst Gott Vishnu, der die Menschen vor Gefahren schützt, als Krieger auf die Erde kam und seinen böser Widersacher besiegen konnte. Ihn wollen wir mit den Kerzen besonders begrüßen, ebenso Lakshmi, die Göttin des Wohlstandes. Wir glauben, dass sie in jedem Jahr die Häuser besucht, an denen eine Lichterkette angebracht ist, und den Bewohnern Glück bringt".

Tiko erzählt über das buddhistische Lichterfest Pavarana am Ende der Regenzeit.

„Im November endet die lange Regenzeit. Dann feiern wir das Lichterfest Pavarana. Schwimmkerzen haben dabei eine besondere Bedeutung. Wir fertigen aus Blättern kleine Schalen an, die so stabil sind, dass sie kleine brennende Kerzen halten können. Die Schalen mit den brennenden Kerzen werden dann auf ein fließendes Gewässer gesetzt und schwimmen davon. Wir glauben, dass man über den Fluss des Unwissens in das Land der Wahrheit gelangt, wenn man diesen Lichtern folgt."

▶ Beantworte die Fragen für beide Feste.

Wie heißt das Fest?		
Wann wird das Fest gefeiert?		
Was wird für das Fest benötigt?		
Warum wird das Fest gefeiert?		

▶ Kennst du andere Feste, bei denen Licht eine besondere Bedeutung hat?

____

Station 5 Fastenzeiten

B 

Große Pause – Sina blickt enttäuscht in ihre Butterbrotdose. „Och, nichts Süßes, nur Käsebrot", denkt sie. Dann fällt ihr ein, dass Mutter gesagt hatte: „Die Fastenzeit hat begonnen. Wir werden bis Ostern auf Süßigkeiten verzichten."

Fatma erzählt ihrer Freundin Lisa: „In den nächsten Wochen essen wir immer erst zu Abend, wenn es dunkel wird. Meine Eltern halten sich an den Fastenmonat Ramadan. Dann dürfen sie von morgens bis abends nichts essen."

▶ Was bedeutet das Wort **fasten**?

- ☐ auf etwas verzichten
- ☐ alles essen, was ich möchte
- ☐ schnell rennen

▶ Woran merken Sina und Fatma, dass die Fastenzeit begonnen hat?

Sina: ______________________________

Fatma: ______________________________

▶ Auf welche Dinge oder Tätigkeiten könntest du für eine bestimmte Zeit verzichten? Male grün an, worauf du verzichten würdest. Male rot an, worauf du auf gar keinen Fall verzichten möchtest. Du kannst auch selbst noch etwas malen.

▶ Welche Gründe zu fasten gelten besonders für religiöse Menschen? Kreuze an.

- ☐ Sie möchten abnehmen.
- ☐ Sie möchten gesünder leben.
- ☐ Sie möchten besonders an Gott denken und beten.
- ☐ Sie möchten auf eigene Wünsche verzichten.

▶ Kennst du Menschen, die aus religiösen Gründen fasten? Welcher Religion gehören sie an?

____

____

Fastenzeiten **B (1)**

In vielen Religionen gibt es besondere Fastenzeiten. Die Steckbriefe geben dir einen Überblick.

Was?	**Jüdische Fastenzeit** und höchster jüdischer Feiertag
Name:	Jom Kippur
Wortbedeutung:	Versöhnungsfest
Wann?	September bis Oktober
Wer?	Frauen ab 12, Männer ab 13 Jahre
Warum?	Versöhnung mit Gott durch Gebet, Bitte um Vergebung der Schuld
Wie?	25 Stunden ohne Essen und Trinken, Gottesdienste zu 5 Gebetszeiten
Ende der Fastenzeit	ein festliches gemeinsames Mahl

Was?	**Fasten im Hinduismus**
Wann?	jederzeit, es gibt keine bestimmten Fastenzeiten
Wer?	jeder Hindu, der möchte
Warum?	um zu büßen oder die Seele zu reinigen, Segen für jemanden zu erbitten oder eine Gottheit zu ehren und ihr nahe zu sein
Wie?	auf alles verzichten, was sie nicht unbedingt zum Leben brauchen

Was?	**Islamischer Fastenmonat**
Name:	Ramadan
Wortbedeutung:	der heiße Monat
Wann?	9. Monat des islamischen Kalenders (bei uns ist das meistens im Juni)
Wer?	gilt für alle Muslime außer für Kinder, Kranke und Schwangere; wer nicht fastet, sollte stattdessen Arme unterstützen
Warum?	Zeit der Versöhnung mit Gott, Ruhe und Pflicht zum Gebet
Wie?	Am Tag wird nichts gegessen und getrunken. Dafür gibt es ein gemeinsames Mahl bei einbrechender Dunkelheit.
Ende der Fastenzeit	Zuckerfest, das Fest des Fastenbrechens

Was?	**Fasten im Buddhismus**
Wann?	jederzeit, es gibt keine bestimmten Fastenzeiten
Wer?	jeder Buddhist, der möchte
Warum?	um besser meditieren zu können, da ein voller Magen dabei stört; um den Körper und den Geist zu reinigen
Wie?	auf alles verzichten, was sie nicht unbedingt zum Leben brauchen

Fastenzeiten **B (2)**

Was?	**Christliche Fastenzeit**
Wann?	40 Tage vor Ostern
Wer?	Fasten im Christentum ist freiwillig. Wer möchte, fastet.
Warum?	Erinnerung an das Leiden Jesu
Wie?	Zeit des Verzichts auf lieb gewonnene Gewohnheiten
Ende der Fastenzeit	Ostern, das Fest der Auferstehung Jesu

1. Wie heißt der islamische Fastenmonat?
2. Wann kann ein Hindu fasten?
3. Was bedeutet Jom Kippur?
4. Wer muss während des islamischen Fastenmonats nicht fasten? Kinder, … und Schwangere
5. Wobei stört ein voller Magen die Buddhisten? Beim …
6. Woran erinnert das christliche Fasten? An das … Jesu.
7. Wie heißt das Fest am Ende der islamischen Fastenzeit?
8. Welches Fest feiern Christen am Ende der Fastenzeit?
9. Was reinigt ein Buddhist durch das Fasten? Den Körper und den …
10. Wen ehren Hindus durch das Fasten? Eine …
11. Was findet bei den Juden während der Fastenzeit fünfmal am Tag statt?
12. Wann dürfen fastende Muslime nichts essen? Am …
13. Wie lange fasten Christen? (zwei Wörter)

Lösungswort:

A	B	C	D	E	F	G	H	I	J

Station 5 — Mahlzeiten und Rituale — C

▶ Was ist dein Lieblingsessen? Was magst du gar nicht? Schreibe oder male.

Das mag ich: ______________________________

Das mag ich überhaupt nicht: ______________________________

▶ Gibt es etwas, das du nicht essen darfst? ______________________________

____

In manchen Religionen dürfen bestimmte Lebensmittel nicht gegessen werden. Juden und Muslime essen zum Beispiel kein Schweinefleisch, da das Schwein als unreines Tier gilt. Aus diesem Grund essen sie auch keine Gummibärchen, denn die enthalten häufig Schweinegelatine. Auch Schweinefett ist verboten. Hindus essen kein Rindfleisch, denn Kühe sind für sie heilige Tiere. Im Christentum soll freitags kein Fleisch gegessen werden, dafür aber Fisch. Buddhisten wiederum essen nur so viel, dass sie satt werden. Sich vollzustopfen ist bei ihnen nicht erlaubt. Buddhisten sind außerdem meistens Vegetarier.

▶ Wer darf die Lebensmittel essen? Kreuze an.

	Christ (freitags)	Muslim	Buddhist	Jude	Hindu
Brot					
Hähnchen					
Fleischwurst					
Gummibärchen					
Spaghetti					
Fischstäbchen					
Obst					
Chips					

▶ Welches Tier ist bei den Hindus heilig und wird daher nicht gegessen?

____

▶ Welches Tier gilt bei den Juden und Moslems als unrein?

____

____

Station 5 Mahlzeiten und Rituale C

Wenn für die Christen Ostern ist, feiern die Juden das Pessachfest. Dieses Fest dauert acht Tage und beginnt mit dem Sederabend.

„Eines der wichtigsten Ereignisse in unserer Geschichte ist die Flucht des Volkes Israel aus Ägypten. Die Israeliten wurden dort als Sklaven gehalten. Um den Israeliten zu helfen, schickte Gott den Ägyptern Plagen. Das waren Naturkatastrophen wie zum Beispiel eine Heuschreckenplage und Krankheiten. Erst nach der zehnten Plage erlaubte der Pharao dem israelischen Volk, das Land zu verlassen. Er wusste jetzt, dass der Gott der Israeliten sehr mächtig war. Die Israeliten brachen Hals über Kopf auf.

An dieses Ereignis des Auszugs aus Ägypten erinnert der Sederabend in besonderer Weise mit einem großen Familienfest. In der Mitte des Tisches steht dann der Sederteller. Für jede Speise bietet der Teller einen besonderen Platz und jede Speise erfüllt einen bestimmten Zweck."

▶ Ordne die Speisen ihrer Bedeutung zu.

Speise	Bedeutung
Lammknochen	Das Symbol für das Leben in einem neuen Land.
Ei	Der bittere Geschmack erinnert an das harte Leben in der Sklaverei.
Petersilie	Erinnert an die vielen Tränen der Israeliten während ihrer Sklavenzeit.
Bitterkräuter	Dünnes Brot, denn die Israeliten mussten Ägypten in großer Eile verlassen und hatten keine Zeit, Brot aus Sauerteig zu backen.
Haroset	Ein Brei aus Äpfeln, Nüssen und Zimt, der süß schmeckt, aber wie Lehm aussieht und damit an die harte Arbeit erinnert.
Salzwasser	Ein grünes Kraut, das für Frühling und Hoffnung steht.
Matze	Am Vorabend wurde in jeder Familie ein Lamm geopfert und gegessen.

Waschungen im Islam

Wenn gläubige Menschen beten oder ein Gotteshaus besuchen, ist es in manchen Religionen wichtig, dass die Menschen rein sind. Rein zu sein bedeutet, sauber zu sein. Sauber zu sein bedeutet auch, ohne schlechte Gedanken vor Gott zu treten. Sauberkeit wird mit guten Dingen wie Tugend und Reinheit verbunden.

Unrein bedeutet schmutzig. Damit ist das Böse und Schlechte gemeint.

Deshalb gibt es in vielen Religionen das religiöse Ritual, dass sich die Menschen vor dem Gottesdienst waschen.

Im Hof jeder Moschee steht ein Brunnen. Muslime führen vor jedem Betreten der Moschee eine vorgeschriebene Waschung durch. Diese heißt Wudu. Dabei werden die Hände, das Gesicht und die Füße gereinigt. Körper und Kleidung sollen für die Begegnung mit Allah rein sein. Außerdem stimmt der Akt der Reinigung den Geist auf den Besuch der Moschee und das Gebet ein. Auch für das Gebet gilt die Waschungspflicht. Deshalb haben viele Muslime eine Flasche Wasser dabei, um sich jederzeit reinigen zu können.

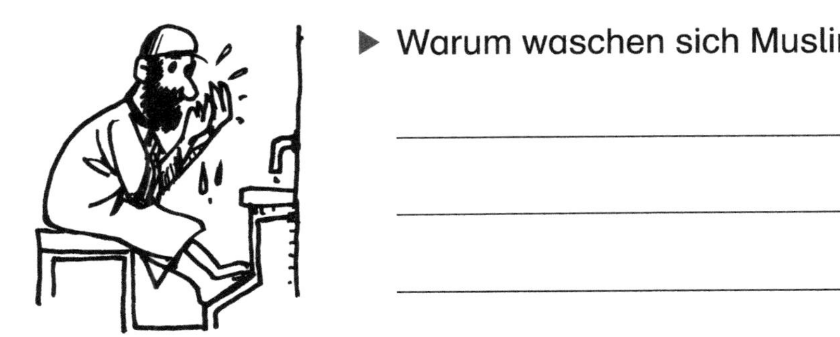

▶ Warum waschen sich Muslime, bevor sie die Moschee betreten?

____

____

____

Neben dem Ritual der Waschung gibt es auch besondere **Rituale bei der Ernährung**: Muslime dürfen zum Beispiel nur Nahrung essen, die halal ist. Manche Lebensmittel sind nicht halal, wie zum Beispiel Alkohol und Schweinefleisch. Sie dürfen von Muslimen nicht gegessen werden. Andere Lebensmittel können halal sein, wenn man bestimmten Regeln folgt. Fleisch ist dann halal, wenn das Tier artgerecht gelebt hat und wenn es geschächtet wurde. Schächten ist eine besondere Form des Schlachtens, bei der dem Tier die Kehle durchgeschnitten wird und es ausblutet. Auch im Judentum wird auf diese Weise geschlachtet. So erhalten sie koscheres Fleisch, wie es bei den Juden heißt.

▶ Was glaubst du, warum gibt es solche Vorschriften bei der Ernährung?

____

▶ Recherche-Aufgabe: Im Judentum wird Fleisch und Milch nicht zusammen gekocht und gegessen. Wieso ist das so?

____

____

Station 5

Pilgerreisen **D**

In jeder Religion gibt es Orte, die eine spezielle religiöse Bedeutung haben. Deshalb unternehmen viele religiöse Menschen eine Reise, um diese Orte zu besuchen, damit sie dort Gott besonders nahe sein, aber auch zur Ruhe kommen können. Eine solche Reise nennt man Pilgerreise oder Pilgerfahrt.

▶ Verbinde Begriff, Bild und Satz richtig miteinander.

Begriff	Bild	Satz
Christen		Sie pilgern nach Mekka und umrunden die schwarze Kaaba.
Muslime		Sie pilgern zum Fluss Ganges.
Buddhisten		Sie pilgern zum Tempelberg in Jerusalem und beten an der Klagemauer.
Juden		Sie pilgern zum Geburtsort Buddhas.
Hindus		Sie pilgern zu besonderen Kirchen und Klöstern.

▶ Stelle dir vor, du würdest eine Pilgerreise machen. Wohin würdest du am liebsten pilgern?

___

___

Pilgerreisen **D**

Die Wallfahrt nach Mekka

Hassan soll im Ethikunterricht von der Pilgerreise seiner Eltern nach Mekka berichten. Als er seine Notizen auspackt, sieht er mit Schrecken, dass diese durcheinandergeraten sind. Kannst du ihm helfen, die Notizen wieder in die richtige Reihenfolge zu bringen?

▶ Schneide die Satzstreifen aus und lege sie in die richtige Reihenfolge. Wenn du alles richtig gelegt hast, kannst du ein Lösungswort lesen. Schreibe es auf.
Nun kannst du die Geschichte auf einem Blatt aufkleben.

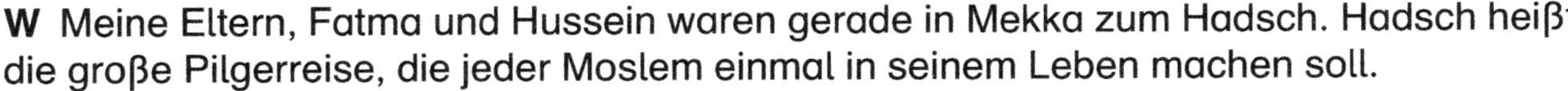

W Meine Eltern, Fatma und Hussein waren gerade in Mekka zum Hadsch. Hadsch heißt die große Pilgerreise, die jeder Moslem einmal in seinem Leben machen soll.

F So bekleidet betraten meine Eltern, Fatma und Hussein den heiligen Bereich, in den nur Muslime eintreten dürfen. Sie beteten in der Großen Moschee. Im Hof der Moschee mussten sie die Kaaba danach siebenmal umrunden.

H Anschließend zogen sie siebenmal zwischen den beiden Hügeln Safa und Merwah hin und her. Dazwischen liegt der Zamzam-Brunnen, aus dem sie Wasser schöpfen konnten.

L Dann musste sich mein Vater rasieren und die Haare schneiden, meine Mutter entfernte ihr Make-up.

T Vor ihrer Heimreise haben Fatma und Hussein noch ein Schaf schlachten lassen, um es Allah zu opfern. Jeder Pilger, der in Mekka war, darf sich anschließend Hadschi nennen. Mein Vater heißt jetzt Hadschi Hussein Abbash.

A Kurz bevor sie Mekka erreichten, bereiteten sie sich auf die Wallfahrt vor. Zuerst badeten sie, um den Alltagsschmutz abzuwaschen und rein vor Allah zu treten.

A Die Kaaba ist ein würfelförmiges Bauwerk aus Stein, das mit einem schwarzen Tuch aus Seide und Baumwolle bedeckt wird. Auf dem schwarzen Umhang sind Worte aus dem Koran gestickt. An einer Stelle können die Gläubigen den Stein berühren. In das Innere der Kaaba dürfen sie nicht gehen.

R Danach pilgerten meine Eltern zu einem Berg bei Arafat. Dort haben sie den ganzen Tag stehend gebetet. Am nächsten Tag haben sie Steine gesammelt und diese auf den Teufel geworfen. Der Teufel wir durch steinerne Säulen bildlich dargestellt.

L Danach zogen sie ihr weißes Pilgergewand an. Damit sehen alle Pilger gleich aus und keiner kann sehen, ob jemand reich oder arm, Arbeiter oder Chef ist.

Lösungswort: W________________________

Station 5 Pilgerreisen

D 

In jeder Religion gibt es Orte, die eine spezielle religiöse Bedeutung haben. Deshalb unternehmen viele Menschen eine Reise, um diese Orte zu besuchen, damit sie dort Gott besonders nahe sein und zur Ruhe kommen können. Eine solche Reise nennt man Pilgerreise oder Pilgerfahrt.

Die wichtigste Pilgerstätte der Hindus liegt am heiligen Fluss Ganges. In der Stadt Varanasi ist das Flussufer in einer Länge von 5 km von Treppen gesäumt, über die täglich Tausende von Hindus in den Fluss steigen, um sich von ihren Sünden reinzuwaschen.

Für die Juden ist der Tempelberg in Jerusalem mit der Klagemauer ein besonderer Gebetsort. Die Klagemauer ist der Überrest des im Jahre 70 nach Christus zerstörten jüdischen Tempels. Bis heute glauben die Juden, dort Jahwe nahe zu sein. So verstecken sie ihre auf Zetteln geschriebenen Wünsche und Gebete in den Mauerritzen der Klagemauer.

Jährlich pilgern Millionen katholische Christen in den Vatikanstaat in Rom, um dort den Petersdom – den Wohnsitz des Papstes – und die Grabstätte des Heiligen Petrus zu besuchen. Auch die Grabeskirche in Jerusalem ist ein wichtiger Pilgerort für Christen. Hier soll Jesus bestattet worden und wieder auferstanden sein. Santiago de Compostela in Spanien ist das Endziel des durch ganz Europa führenden Jakobsweges, der durch die Jakobsmuschel gekennzeichnet wird. Entlang dieses Weges zu wandern ist auch bei Nichtgläubigen sehr beliebt.

Für die Buddhisten ist das Pilgern freiwillig. Viele Buddhisten pilgern nach Lumbini in Nepal. An diesem Ort soll Buddha, der Gründer des Buddhismus, geboren worden sein. Aber auch in Indien und Japan gibt es buddhistische Pilgerorte.

Die bekannteste Pilgerstätte im Islam ist Mekka, die Geburtsstadt des Propheten Mohammed. Mekka liegt heute in Saudi-Arabien. Einmal im Leben nach Mekka zu pilgern gehört zu den fünf großen Pflichten eines Muslims. Dort umrundet er siebenmal die Kaaba, das schwarze, würfelförmige, heilige Bauwerk aus Stein, und betet zu Allah. Auch der Felsendom in Jerusalem ist Ziel muslimischer Pilger, da der Religionsgründer Mohammed diese Stadt einst besucht hat.

- Markiere in den Textabschnitten den Namen der Religionsangehörigen und ihren Pilgerort mit einem Buntstift. **Achtung:** Manche Religionen haben mehrere wichtige Pilgerorte.

- Es gibt einen Pilgerort, der für mehrere Religionen wichtig ist.

  Wie heißt dieser Ort? ______________________________

  Für welche Religionen ist er wichtig? ______________________________

  Was glaubst du, warum es manchmal Streit darüber gibt, welcher Religion diese Stadt „gehört“? ______________________________

  ____

- Warum unternehmen die Menschen beschwerliche Pilgerreisen?

  ____

  ____

Station 6 Nächstenliebe

A  

Nächstenliebe ist in vielen Religionen sehr wichtig. Das Gleichnis vom barmherzigen Samariter erklärt, was Nächstenliebe bedeutet.

① 

② 

③ 

④ 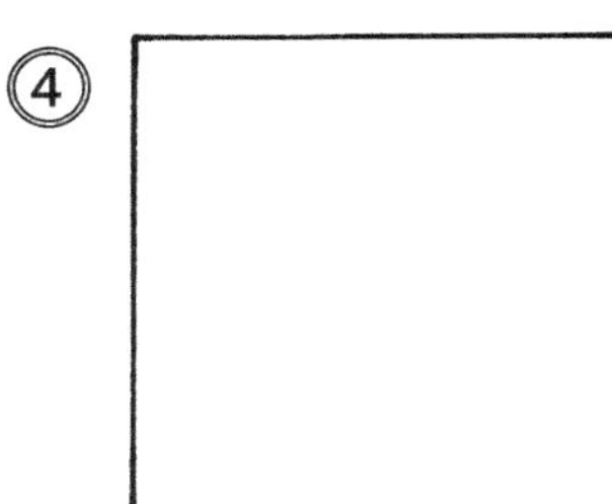

☐ Ein Mann wird von Räubern überfallen, die ihn schwer verletzt liegen lassen.

☐ Ein Priester sieht ihn und geht vorbei, da er in Eile ist.
Ein Messdiener geht ebenfalls weiter, ohne zu helfen.

☐ Dann kommt ein Feind des verletzten Mannes.
Dieser verbindet seine Wunden.

☐ Er bringt ihn mit seinem Esel in die nächste Herberge und gibt dem Wirt Geld, damit er ihn richtig versorgen kann.

▶ Ordne den Sätzen die richtigen Zahlen aus der Bildergeschichte zu.

▶ Male das fehlende Bild zu der Geschichte in das freie Kästchen.

▶ Wer ist dem Überfallenen in der Geschichte der Nächste? Kreuze an.

☐ der Priester ☐ der Messdiener ☐ der Feind

▶ Lies die Sätze. Kreuze die richtigen Aussagen an.

☐ Mein Nächster ist immer jemand, den ich gut kenne.
☐ Mein Nächster kann jemand sein, den ich nicht mag.
☐ Mein Nächster kann jemand sein, der Hilfe braucht.
☐ Mein Nächster ist immer jemand, den ich mag.

▶ Hast du schon einmal jemandem geholfen? Schreibe auf.

Station 6 Nächstenliebe A

Das Gebot der Nächstenliebe schließt in vielen Religionen in besonderer Weise die eigenen Eltern ein.

„Ein jeder fürchte seine Mutter und seinen Vater.“ (Lev 19, 3)

„Vor einem grauen Haupt sollst du aufstehen und die Alten ehren …“ (Lev 19, 32)

„... und erweiset Güte den Eltern. Wenn eines von ihnen oder beide bei dir ein hohes Alter erreichen, sage nie ‚Pfui!‘ zu ihnen, und stoße sie nicht zurück, sondern sprich zu ihnen ein ehrerbietiges Wort.“ (Sure 17, 23)

„Du sollst Vater und Mutter ehren.“ (4. der 10 Gebote)

▶ Wie solltest du dich deinen Eltern gegenüber verhalten?

____

▶ Lies die Sätze. Unterstreiche ein schlechtes Verhalten rot, ein gutes Verhalten grün.

Hannah beschimpft ihre Eltern, weil sie verboten haben, dass sie alleine auf die Kirmes geht.

Luca geht oft für seine Großeltern einkaufen, da diese nicht mehr gut gehen können.

Daniels Vater braucht Hilfe beim Rasenmähen. Weil Daniel keine Lust hat, spielt er stattdessen Playstation.

Caro besucht jeden Mittwoch ihre Oma, um mit ihr über alte Zeiten zu sprechen und das Neueste zu erzählen.

Muhamed hilft seiner Mutter, die Geschirrspülmaschine auszuräumen.

Nadi hat seinen Schlüssel verloren. Er lügt seine Mutter an und sagt, er sei ihm gestohlen worden.

Station 6 — Nächstenliebe A

Alle Religionen erwarten von ihren Gläubigen, dass diese sich besonders um in Not geratene und auf Hilfe angewiesene Menschen kümmern.

Rebekka erklärt: „Unser Wort für Wohltätigkeit heißt Zedaka. Zedaka ist ein jüdisches Gebot und verlangt, dass reiche Menschen einen Teil ihres Vermögens für Arme zur Verfügung stellen und Menschen in allen Lebenslagen helfen sollen. Zum Beispiel sollen sie sich um alte und kranke Menschen kümmern, Menschen Geld leihen oder Fremden helfen, damit sie sich aufgenommen fühlen. Dazu heißt es im Buch Levitikus: *„Wenn ein Fremdling bei euch wohnt in eurem Lande, den sollt ihr nicht bedrücken. Er soll bei euch wohnen wie ein Einheimischer unter euch, und du sollst ihn lieben wie dich selbst.“* (Lev. 19, 33-34)

Hassan erläutert: „Eine der Säulen im Islam verpflichtet die Gläubigen, Armen oder in Not geratenen Menschen zu helfen. Wir nennen diese Pflichtabgabe Zakāt. Dies bedeutet, dass diejenigen, die viel verdienen, etwas von ihrem Reichtum abgeben. Meist wird das Ende des Ramadans als Anlass genommen, den Zakāt zu begleichen. Früher wurden vor allem Naturalien wie Vieh, Obst oder Gemüse abgegeben. Heute ist es meist Geld. Der Spender kann selbst entscheiden, ob er einer bestimmten Person helfen will oder ob er das Geld für einen guten Zweck spendet, zum Beispiel für den Bau einer Moschee oder eines Krankenhauses. Wer gute Werke tut, der wird von Allah dafür belohnt werden, denn Zakāt bedeutet: Das, was rein macht.“

Anna fasst zusammen: „Bei den Christen gibt es keine offizielle Abgabe für Arme und Notleidende. Es gibt aber viele Einrichtungen, die sich um solche Menschen kümmern, wie zum Beispiel der Samariterdienst oder die Caritas. Diese besuchen und versorgen bedürftige Menschen und sind immer da, wenn besondere Katastrophen eintreten, wie Unfälle oder Überschwemmungen. Das dafür benötigte Geld versuchen die Einrichtungen durch freiwillige Spenden und Haussammlungen zu bekommen. Jeder kann in eine solche Organisation eintreten und diese aktiv oder durch seine Mitgliedsbeiträge finanziell unterstützen. Die Kirche selbst bittet ebenfalls um Spenden für besondere Aktionen wie etwa Brot für die Welt, die sich speziell um Menschen in den Entwicklungsländern kümmern.“

▶ Wie versuchen die drei Religionen, bedürftigen Menschen zu helfen? Unterstreiche im Text und schreibe auf.

Judentum: ____________________

Islam: ____________________

Christentum: ____________________

▶ Wie heißt das Wort für Wohltätigkeit im Judentum? ____________________

▶ Was bedeutet das arabische Wort Zakāt? ____________________

____

Station 6 Tod – und dann? B

Isa und Timo sind betrübt. Heute Nacht ist ihr geliebter Hamster Molly gestorben.

▶ Wie fühlen sich Isa und Timo?

____

▶ Wie zeigen Isa und Timo, dass sie traurig sind? Kreuze ihr Verhalten an.

- ☐ Sie sind ganz still und ruhig.
- ☐ Sie toben im Garten herum.
- ☐ Sie weinen.
- ☐ Sie freuen sich.
- ☐ Sie gehen zu anderen Kindern spielen.
- ☐ Sie haben keinen Hunger.
- ☐ Sie schauen sich ein lustiges Video an.
- ☐ Sie rufen die Oma an und erzählen von Molly.
- ☐ Sie wollen in Ruhe gelassen werden.

Am Nachmittag kommt Oma Helga vorbei und will ihre beiden Enkel trösten. Sie schlägt vor, Molly im Garten zu beerdigen. Die beiden sind einverstanden und planen eine schöne Zeremonie. Timo will eine Rede über Molly halten, in der er von ihrem Leben erzählt. Susi pflückt Blumen, die sie auf das Grab legen möchte. Zusammen mit ihrer Oma basteln sie auch einen Grabstein.

▶ Gestalte den Grabstein.

Tod – und dann? **B**

Als Elias aus der Schule nach Hause kommt, erzählt er seiner Mutter, dass sein Freund Frederik heute nicht in der Schule war. Seine Oma ist gestern verstorben.

▶ Wie fühlt sich Frederik wohl in dieser Situation? Schreibe auf.

____

Später, als Elias in seinem Zimmer sitzt, denkt er an seinen Freund Frederik. Er weiß, dass seine Oma in ein paar Tagen auf dem Friedhof beerdigt wird. Aber was ist eigentlich jetzt mit ihr? Ist sie im Himmel bei Gott, so wie er es aus dem Religionsunterricht kennt? Oder ist sie einfach tot? Er beschließt, sich im Internet darüber zu informieren, wie sich die verschiedenen Religionen der Welt die Zeit nach dem Tod vorstellen.

Christentum:	Es stirbt nur der Körper, die Seele lebt bei Gott weiter.
Islam:	Die Seele lebt weiter und kommt, wenn der Mensch gut war, zu Allah.
Judentum:	Die Seele steigt zu Jahwe auf und lebt dort weiter.
Hinduismus:	Der Mensch wird wiedergeboren – entweder als Mensch oder als Tier. Die Gestalt, in der man wiedergeboren wird, ist davon abhängig, wie gut oder schlecht man im letzten Leben gehandelt hat. Nur wer ein sehr gutes Leben geführt hat, kann erlöst werden.
Buddhismus:	Die Seele wird in einem neuen Körper wiedergeboren, bis sie eines Tages erleuchtet ist. Die vielfache Wiedergeburt ist für Buddhisten eine schreckliche Vorstellung. Sie möchten die Erleuchtung erlangen.

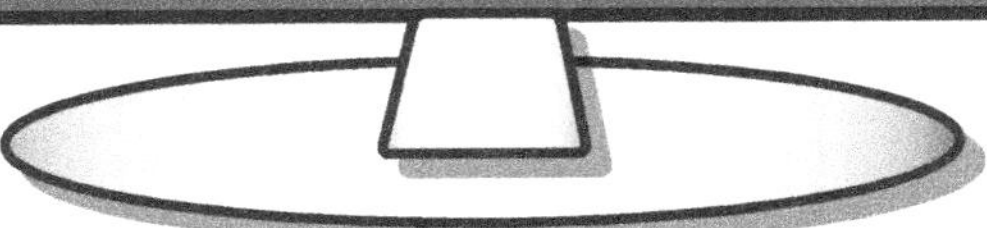

▶ Welche Gemeinsamkeiten gibt es bei der Vorstellung vom Tod? Schreibe auf.

____

Elias liest auch über Atheisten –
Menschen, die glauben, dass es keinen Gott gibt:

Atheisten: Nach dem Tod folgt nichts. Tot ist tot.

▶ Woran glauben Atheisten? ______________________________

▶ Woran glaubst du? ______________________________

____

Station 6 Tod – und dann? B

Der Tod ist ein wichtiges Thema für alle Menschen. Was nach dem Tod geschieht, beschäftigt jeden Menschen früher oder später.

▶ Was glaubst du, was nach dem Tod mit dir geschieht? Entscheide ganz spontan und markiere deine Meinung.

- ☐ Ich habe vor diesem Leben bereits einmal gelebt.
- ☐ Ich werde nach dem Tod weiterleben, aber anders.
- ☐ Ich werde nach dem Tod in einem anderen Lebewesen wiedergeboren.
- ☐ Ich halte ein Weiterleben nach dem Tod – egal wie – für unmöglich.

Auf die Frage nach der Zeit nach dem Tod geben Religionen verschiedene Antworten. Alle sehen im Tod nicht das Ende des Menschen.

Juden, Christen und Muslime haben ähnliche Vorstellungen von der Zeit nach dem Tod:

- Mit dem Tod zerfällt nur der Körper.
- Die Seele – der Geist – tritt aus dem Körper heraus.
- Die Seele lebt weiter und beginnt ein neues Leben bei Gott.
- Wer gut und rechtschaffen war, kommt zu Gott.

Hindus und Buddhisten haben eine andere Vorstellung von der Zeit nach dem Tod:

- Hindus glauben an die Wiedergeburt. Nur wer sein Leben sehr gut und ohne Schuld gelebt hat, kommt ins Nirwana, den Himmel der Hindus. Derjenige, der schlechte Dinge in seinem Leben gemacht hat, wird als Tier oder auch als Mensch wiedergeboren.
- Buddhisten glauben, dass die Seele nach dem Tod in einen anderen Körper übergeht und wiedergeboren wird. Sie muss dann erneut den mühsamen und leidvollen Weg des Lebens gehen. Die Seele wird so lange wiedergeboren, bis sie es schafft, den Kreislauf der Wiedergeburt zu durchbrechen. Dann gelangt sie ins Nirwana, einen Zustand der Vollkommenheit, in dem alles Leid endet und sie von allen Gedanken und Gefühlen befreit ist.

▶ Fasse zusammen: A) Woran glauben Muslime, Juden und Christen?
B) Woran glauben Hindus und Buddhisten?

A) ______________________________

B) ______________________________

▶ Was meinst du, warum glauben manche Menschen nicht an eine Wiedergeburt?

____

____

Der Wunsch nach Frieden

C 

Wenn Menschen nach ihren größten Wünschen befragt werden, sagen sie immer wieder: Wir wollen in Frieden leben. Auch die großen Religionen der Welt möchten, dass auf der Erde und unter den Menschen Frieden herrscht. Deshalb ist es falsch, wenn Menschen sich bekämpfen und sogar töten. Leider gibt es trotzdem viele Konflikte und Kriege auf der Welt.

▶ Was bedeutet Frieden für dich? Kreuze an!

- ☐ Ich gebe immer nach, dann gibt es keinen Streit.
- ☐ Ich habe immer Recht, denn ich bin der Stärkere.
- ☐ Ich bin zu allen Menschen nett und hilfsbereit.
- ☐ Ich gebe schon mal nach, selbst wenn ich im Recht bin.
- ☐ Ich suche bei Problemen eine Lösung, die alle zufriedenstellt.
- ☐ Ich bin wichtig, vor allem mir soll es gut gehen.
- ☐ Ich verzichte nicht auf meine Wünsche.
- ☐ Ich vermeide Streit und beleidige andere nicht.
- ☐ Ich entschuldige mich, wenn ich im Unrecht bin.
- ☐ Ich sage Schimpfwörter zu jemandem, über den ich mich ärgere.

▶ Es gibt bestimmte Bilder und Gesten, die von Menschen auf der ganzen Welt mit Frieden in Verbindung gebracht werden. Diese Zeichen werden Friedenssymbole genannt. Kennst du die abgebildeten Friedenssymbole? Male sie an.

▶ Kennst du von einem Symbol die genaue Bedeutung? Schreibe auf.

____

____

____

Station 6 Der Wunsch nach Frieden C

Damit auf der Welt Frieden sein kann, müssen die Menschen gut miteinander umgehen. Dazu haben die verschiedenen Religionen eine ähnliche Meinung.

Hussein: „Wer eine Religion hat, sollte nicht nur Gott ehren, sondern auch seine Mitmenschen."

Lena: „Genau. Das Wichtigste, was eine Religion von ihren Anhängern fordert, ist friedlich zusammen zu leben. Es gilt die Goldene Regel."

Josef: „Diese Regel besagt: Was du nicht willst, das man dir tut, das füg auch keinem anderen zu."

Resi: „Das steht übrigens in der Bibel. Dort heißt es: Behandle andere so wie du von ihnen behandelt werden willst."

Hussein: „Da kann ich auf ein Wort unseres Propheten Mohammed weisen.
Sinngemäß sagt er: Niemand von euch ist ein Gläubiger, bevor er nicht für seinen Bruder wünscht, was er für sich selbst haben will."

Josef: „Stimmt. Im Thoraunterricht habe ich gelernt: ‚Was dir nicht lieb ist, das tue auch einem Nächsten nicht.'"

Latete: „In einer unserer buddhistischen Schriften steht: ‚Verletze nicht andere auf Wegen, die dir selbst verletzend erscheinen.' Mit Wegen sind hier nicht Straßen gemeint."

Lena: „Das ist klar. Mit Weg ist hier die Art und Weise gemeint, wie die Menschen miteinander umgehen sollen."

Kanti: „Ich will noch etwas aus unserer Hindutradition nennen. Wir sagen: Tue anderen nichts, was dir Schmerz verursachte, würde es dir getan."

Latete: „Ich finde es fantastisch, dass jede Religion das gleiche Grundprinzip vertritt."

Hussein: „Ich sehe es auch so, egal wie es formuliert wird, es ist immer das Gleiche gemeint."

Lena: „Ich denke gerade darüber nach, was passieren würde, wenn sich jeder Gläubige an diese Regel halten würde?"

Resi: „Mir kommt noch eine andere Idee. Wir sprechen immer von Religionen. Sollte die Goldene Regel nicht für jeden Menschen gelten, egal was er glaubt, wer er ist und wo er wohnt?"

▶ Was besagt die Goldene Regel?

___

▶ Findest du, dass die Goldene Regel für alle Menschen gelten sollte, egal ob sie religiös sind oder nicht?

___

▶ Was würde passieren, wenn sich alle Menschen an die Regel halten würden?

___

▶ Woran kannst du sehen, dass sich nicht alle Menschen auf der Welt an die Regel halten?

___

___

Station 6 Der Wunsch nach Frieden C

In allen Religionen geht es um die Verehrung Gottes, aber auch um das Zusammenleben der Menschen. Alle Religionen bekräftigen, dass sie sich für die Erhaltung des Friedens einsetzen möchten.

▶ Lies die Zeitungsüberschriften. Welche Schlagzeilen handeln vom Frieden, welche (eher) nicht? Begründe deine Entscheidung.

Ein Gotteshaus, das für alle Religionen offen steht, wird eingeweiht.

Radikale jüdische Siedler greifen betende Muslime an.

Muslime feiern das Ende des Ramadan mit Nicht-Muslimen.

Der Vatikan lehnt ein Treffen zwischen Papst und Dalai Lama ab.

Eine wesentliche Grundlage, dass Frieden unter den Menschen herrscht, umschreibt das Wort Toleranz. Toleranz bedeutet, anzuerkennen, dass andere Menschen Dinge auf unterschiedliche Weise tun, verschiedene Meinungen haben und an andere Götter glauben.

▶ Hier hat sich ein Verhalten versteckt, das nicht tolerant ist. Kannst du es finden?

- ☐ Luca stellt keine Fragen, als sein Freund Achmed seine Geburtstagsfeier zum Beten kurz verlässt.
- ☐ Der Papst trifft sich mit anderen Religionsführern, um zu beraten, wie die Religionen sich besser verstehen können.
- ☐ Der Bundespräsident dankt allen Muslimen, die das Ende des Ramadans zusammen mit Nicht-Muslimen feiern.
- ☐ Anwohner protestieren gegen den Bau einer Moschee.
- ☐ Lisas Eltern laden Amna, ihre beste Freundin, eine Muslimin, zur Kommunionfeier ein.
- ☐ Bei einem Grillabend verzichtet Familie Schmid auf Schweinefleisch und bietet allen Gästen stattdessen Geflügel und Fisch an.

▶ Fällt dir ein weiteres Beispiel für tolerantes Verhalten ein?

____

Verhalten bewerten

- Arbeite mit einem Partner.
- Schneidet die Verhaltenskarten und die Situationskarten aus.
- Legt die drei Verhaltenskarten nebeneinander.
- Mischt die Situationskarten und legt sie mit der Schrift nach unten auf einen Stapel.
- Entscheidet, wer als Erster eine Karte zieht. Derjenige, der die Karte zieht, entscheidet, ob die Person gut, schlecht oder aufgrund ihrer Religion so handelt und legt die Karte zu der passenden Verhaltenskarte. Ist der Partner mit der Wahl einverstanden, darf er die nächste Karte ziehen.

Verhaltenskarten

Die Person handelt gut.
Die Person handelt schlecht.
Die Person handelt so aufgrund ihrer Religion.

Situationskarten

Timo geht für seine Oma einkaufen, weil sie krank im Bett liegt.
Maria hilft ihrem Bruder bei den Hausaufgaben, obwohl sie eigentlich schon spielen gehen könnte.
Puran überlässt im Bus einer alten Frau seinen Sitzplatz.
Maria findet auf dem Flur zur Klasse einen neuen Füller. Sie gibt ihn der Lehrerin.
Hanna hat im Laden einen Lippenstift geklaut.
Silke stellt Max absichtlich ein Bein.
Ali lügt seine Mutter an.
Ulf ärgert seine kleine Schwester.
Ashantis Mutter trägt ein Kopftuch.
Steffi betet jeden Tag vor dem Schlafengehen.
Mohammed isst kein Schweinefleisch.
Sugaths Vater meditiert regelmäßig.
Nagin stellt Räucherkerzen vor dem Altar von Gott Ganesha auf.

Wendekartenspiel (1)

- Arbeite mit einem Partner.
- Schneidet die Karten aus, faltet sie und klebt Vor- und Rückseite (A+B) zusammen.
- Mischt die Karten. Jeder nimmt sich zwölf Karten und legt sie mit der Seite A vor sich hin.
- Lest abwechselnd den Begriff auf der Karte und erklärt die Bedeutung. Auf der Rückseite findet ihr die richtige Antwort.
- Ihr könnt das Spiel auch andersherum spielen und zu den Erklärungen auf der Seite B den richtigen Begriff finden.

A	B	A	B
Chanukka-Fest	Lichterfest der Juden	Chanukka-Leuchter	Kerzenständer mit Platz für neun Kerzen
Diwali	Lichterfest der Hindus	Pavarana	Lichterfest der Buddhisten
Ramadan	Fastenmonat der Muslime	Jom Kippur	Fastentag der Juden
Tripitaka oder Dreikorb	Heilige Schrift der Buddhisten	Zuckerfest	Fest am Ende des Ramadans
Ostern	Auferstehungsfest Jesu und Ende der christlichen Fastenzeit	Brunnen vor einer Moschee	Rituelle Waschungen im Islam

Wendekartenspiel (2)

A	B	A	B
Koschere Lebensmittel	Bei den Juden erlaubtes Essen	Schweinefleisch	Für Juden und Muslime verbotenes Fleisch
Kuh	Heiliges Tier der Hindus	Sederabend	Beginn des jüdischen Pessahfestes
Matze	Ungesäuertes Brot	Jerusalem	Heilige Stadt dreier Religionen
Mekka	Wallfahrtsort der Muslime	Kaaba	Schwarzes eckiges Bauwerk in Mekka, das von Muslimen sieben-mal umrundet werden muss
Jakobsmuschel	Hinweisschild auf den Pilgerpfad Jakobsweg	Geburtsort Buddhas	Pilgerort der Buddhisten
Klagemauer	Besonderer jüdischer Gebetsort	Fluss Ganges	Pilgerort der Hindus
Halal	Zum Verzehr geeignetes Essen der Muslime	Mandir	Hindutempel

Rätsel

Fülle zusammen mit einem Partner das Kreuzworträtsel aus. Die beiden Lösungsworte ergeben zwei typische religiöse Kleidungsstücke.

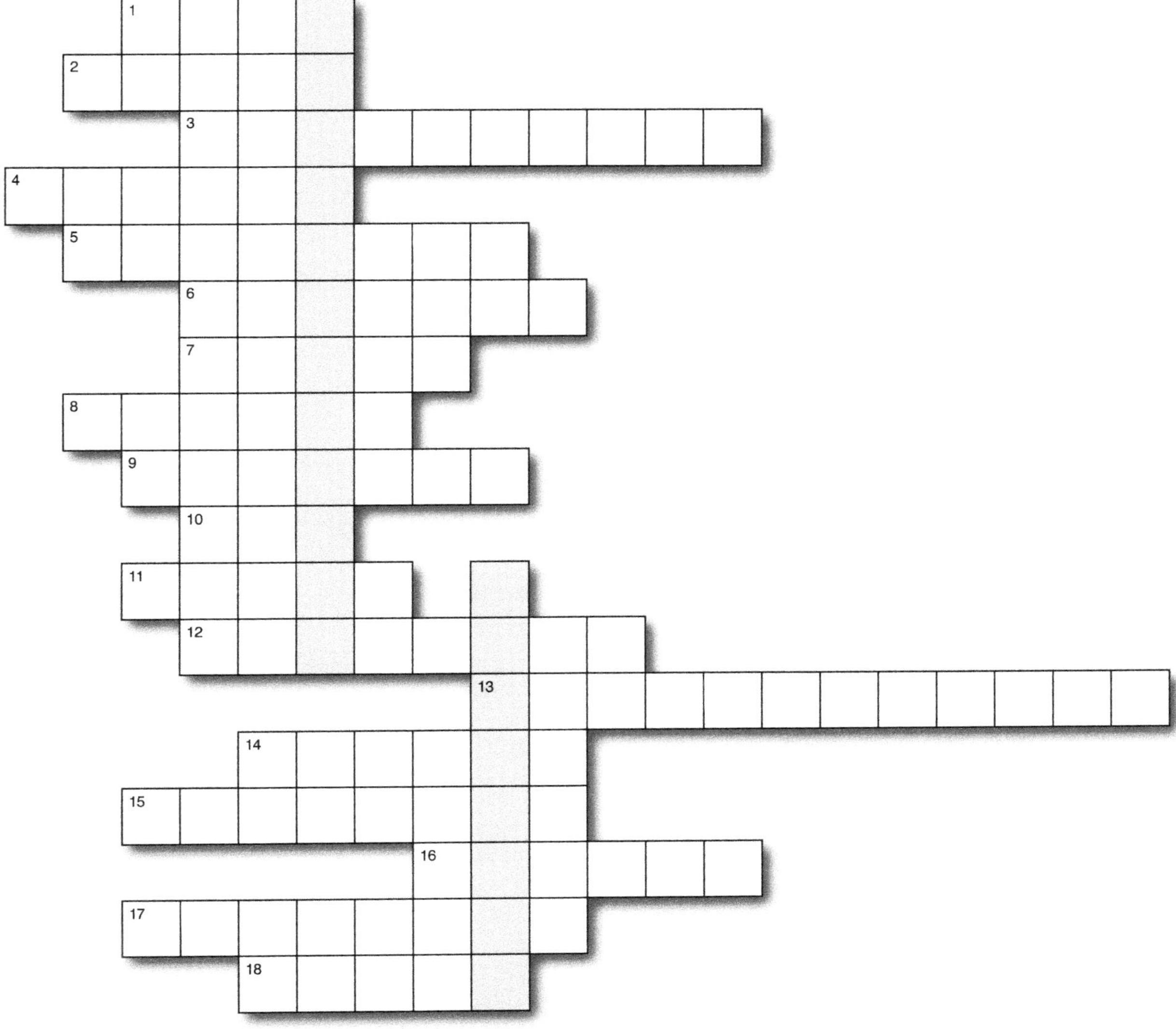

1 Eigenschaft von Gott
2 Jüdischer Name für Gott
3 Sprache des Tanach
4 Tempel im Buddhismus
5 Heilige Schriften der Buddhisten
6 Gebetshaus der Moslems
7 Heiliges Buch im Islam
8 Tempel der Hindus
9 Ein beliebter Gott der Hindus
10 Körperteil, an dem der Gebetsriemen befestigt ist
11 Heiliges Buch der Christen
12 Gotteshaus der Juden
13 Frühere Schreibblätter
14 Die Apostel verfassten …
15 Turm der Moschee
16 Die Buddhisten verehren …
17 Sprache des Koran
18 Gott der Moslems

Lösungsworte:	

Mindmap

Du hast nun schon viel über die Besonderheiten der verschiedenen Religionen gelernt. Die Religionen haben viele Gemeinsamkeiten, aber auch Unterschiede.

- Fülle die Mindmap aus. Versuche, zu jedem Stichwort eine Besonderheit zu jeder Religion zu finden. Fällt dir zu dem leeren grau Feld noch etwas ein?
- Markiere Begriffe jeder Religion in einer eigenen Farbe:
  Buddhismus = orange Christentum = gelb Judentum = blau
  Hinduismus = grün Islam = rot

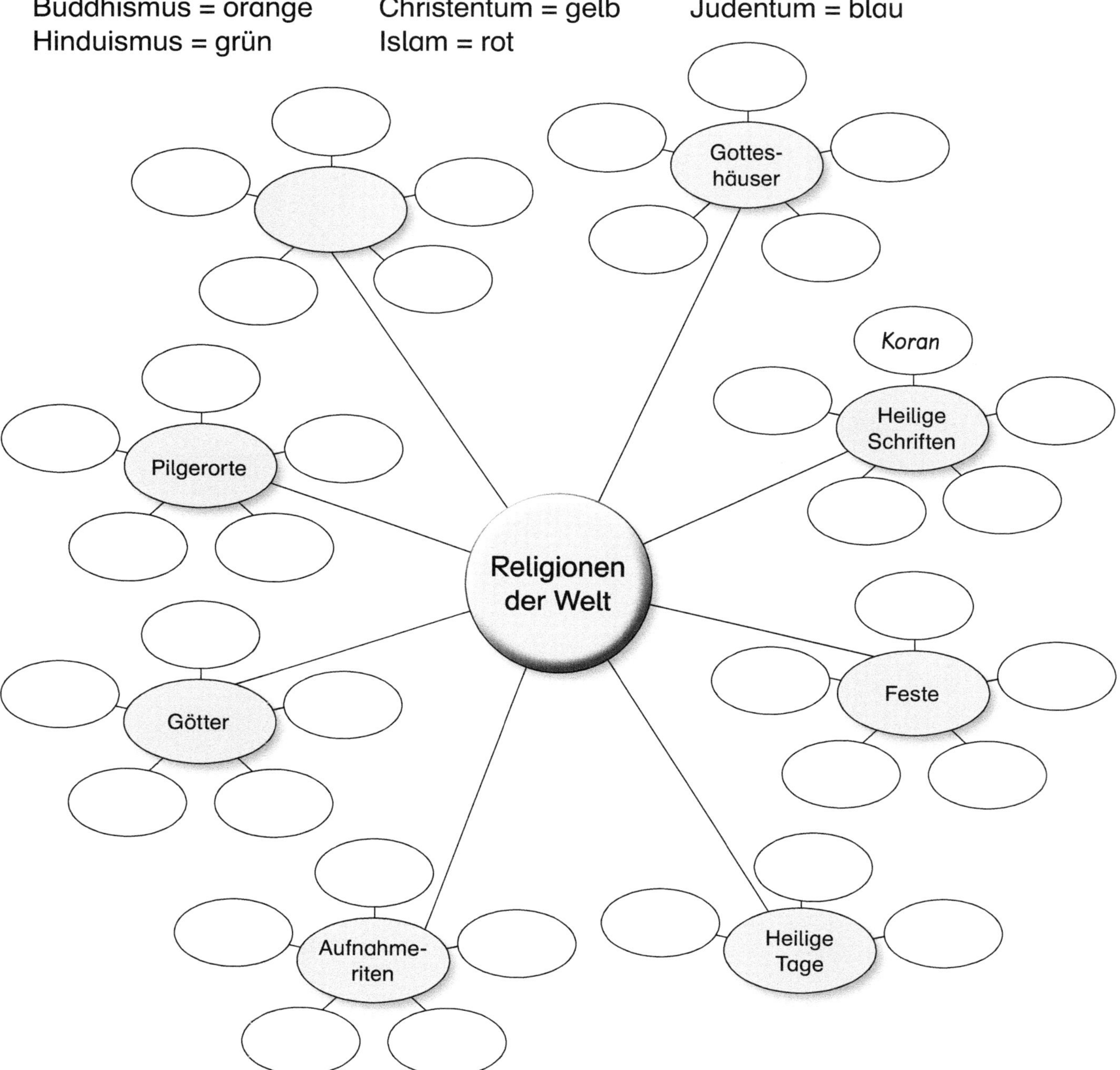

- **Abschlussfrage:** Gibt es überhaupt *die* richtige Religion? Diskutiert die Frage mit der Klasse.

Station 1
Religion und Glaube

Station 2
Religion – eine zweite Familie

Station 3

Religionen verehren Gott

Station 4

Religionen und ihre Glaubensvorschriften

Station 5

Religionen und ihre Feiern und Feste

Station 6

Religionen und ihre Gemeinsamkeiten

Name: ____________________

Lernstation	Anmerkung	erledigt
Lernstation 1 Religion und Glaube		
Lernstation 2 Religion – eine zweite Familie		
Lernstation 3 Religionen verehren Gottheiten		
Lernstation 4 Religionen und ihre Glaubensvorschriften		
Lernstation 5 Religionen und ihre Feiern und Feste		
Lernstation 6 Religionen und ihre Gemeinsamkeiten		

Lernstation: ______________________________

Name des Kindes	bearbeitete Arbeitsblätter	Bemerkungen / Förderung

Selbsteinschätzungsbogen

Name: ____________________

Lernstation	Arbeitsblatt	Einschätzung
		☺ 😐 ☹
		☺ 😐 ☹
		☺ 😐 ☹
		☺ 😐 ☹
		☺ 😐 ☹
		☺ 😐 ☹
		☺ 😐 ☹
		☺ 😐 ☹
		☺ 😐 ☹

Urkunde

ist jetzt Profi zum Thema

„Religionen der Welt“

Ort und Datum

Unterschrift

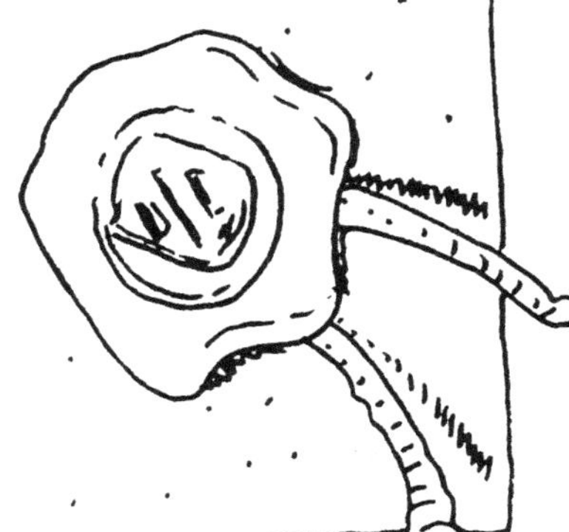

Seite 21

Lisa wird ins Christentum aufgenommen. Mit fünf Monaten wird sie getauft. Bei der Taufe gießt der Priester Lisa etwas Wasser über den Kopf.

Yussef wird in den Islam aufgenommen. Sofort nach der Geburt flüstert der Vater Yussef ins Ohr: „Es gibt keinen Gott außer Allah." Jetzt ist Yussef auch ein Moslem.

Seite 26

Die Eltern besuchen den Gottesdienst.

Die Menschen sprechen im Gebet zu ihrem Gott.

Manche Lebensmittel dürfen nicht gegessen werden.

Es werden zu Gottes Ehren Feste gefeiert.

Manchmal lesen Eltern ihren Kindern aus der Heiligen Schrift vor.

Die Familie trägt an Festtagen eine besondere Kleidung/An Festtagen trägt die Familie eine besondere Kleidung.

Seite 27

Christentum	Judentum	Islam	Buddhismus	Hinduismus
2, 4, 7	4, 5, 7	3, 4, 7, 9	4, 6, 7, 8	1, 4, 7

Seite 39

Es gibt keinen Gott außer Allah und Mohammed ist der Prophet Allahs.

Ich glaube an Gott, den allmächtigen Vater, an Jesus Christus, seinen Sohn, und den Heilgen Geist.

Seite 40

Die Christen glauben an Gott, den allmächtigen Vater. Sie glauben an Jesus, seinen Sohn und den Heiligen Geist.

Ein wichtiges Gebet der Juden ist das Schema Yisrael.

Das Glaubensbekenntnis der Muslime heißt Schahada. Mohammed ist der Gesandte Allahs.

Seite 54

Seite 55

	Christ (freitags)	Muslim	Buddhist	Jude	Hindu
Brot	x	x	x	x	x
Hähnchen		x		x	x
Fleischwurst					
Gummi-bärchen	x		x		x
Spaghetti	x	x	x	x	x
Fischstäbchen	x	x		x	x
Obst	x	x	x	x	x
Chips	x	x*	x	x*	x

* Wenn sie ohne Schweinefett oder andere tierische Produkte hergestellt sind.

Seite 56

Lammknochen	Am Vorabend wurde in jeder Familie ein Lamm geopfert und gegessen.
Ei	Das Symbol für das Leben in einem neuen Land.
Petersilie	Ein grünes Kraut, das für Frühling und Hoffnung steht.
Bitterkräuter	Der bittere Geschmack erinnert an das harte Leben in der Sklaverei.
Haroset	Ein Brei aus Äpfeln, Nüssen und Zimt, der süß schmeckt, aber wie Lehm aussieht und damit an die harte Arbeit erinnert.
Salzwasser	Erinnert an die vielen Tränen der Israeliten während ihrer Sklavenzeit.
Matze	Dünnes Brot, denn die Israeliten mussten Ägypten in großer Eile verlassen und hatten keine Zeit, Brot aus Sauerteig zu backen.

Seite 59

W Meine Eltern, Fatma und Hussein waren gerade in Mekka zum Hadsch. Hadsch heißt die große Pilgerreise, die jeder Moslem einmal in seinem Leben machen soll.

A Kurz bevor sie Mekka erreichten, bereiteten sie sich auf die Wallfahrt vor. Zuerst badeten sie, um den Alltagsschmutz abzuwaschen und rein vor Allah zu treten.

L Dann musste sich mein Vater rasieren und die Haare schneiden, meine Mutter entfernte ihr Make-up.

L Danach zogen sie ihr weißes Pilgergewand an. Damit sehen alle Pilger gleich aus und keiner kann sehen, ob jemand reich oder arm, Arbeiter oder Chef ist.

F So bekleidet betraten meine Eltern, Fatma und Hussein den heiligen Bereich, in den nur Muslime eintreten dürfen. Sie beteten in der Großen Moschee. Im Hof der Moschee mussten sie die Kaaba danach siebenmal umrunden.

A Die Kaaba ist ein würfelförmiges Bauwerk aus Stein, das mit einem schwarzen Tuch aus Seide und Baumwolle bedeckt wird. Auf dem schwarzen Umhang sind Worte aus dem Koran gestickt. An einer Stelle können die Gläubigen den Stein berühren. In das Innere der Kaaba dürfen sie nicht gehen.

H Anschließend zogen sie siebenmal zwischen den beiden Hügeln Safa und Merwah hin und her. Dazwischen liegt der Zamzam-Brunnen, aus dem sie Wasser schöpfen konnten.

R Danach pilgerten meine Eltern zu einem Berg bei Arafat. Dort haben sie den ganzen Tag stehend gebetet. Am nächsten Tag haben sie Steine gesammelt und diese auf den Teufel geworfen. Der Teufel wir durch steinerne Säulen bildlich dargestellt.

T Vor ihrer Heimreise haben Fatma und Hussein noch ein Schaf schlachten lassen, um es Allah zu opfern. Jeder Pilger, der in Mekka war, darf sich anschließend Hadschi nennen. Mein Vater heißt jetzt Hadschi Hussein Abbash.

Lösungswort: WALLFAHRT

Seite 73

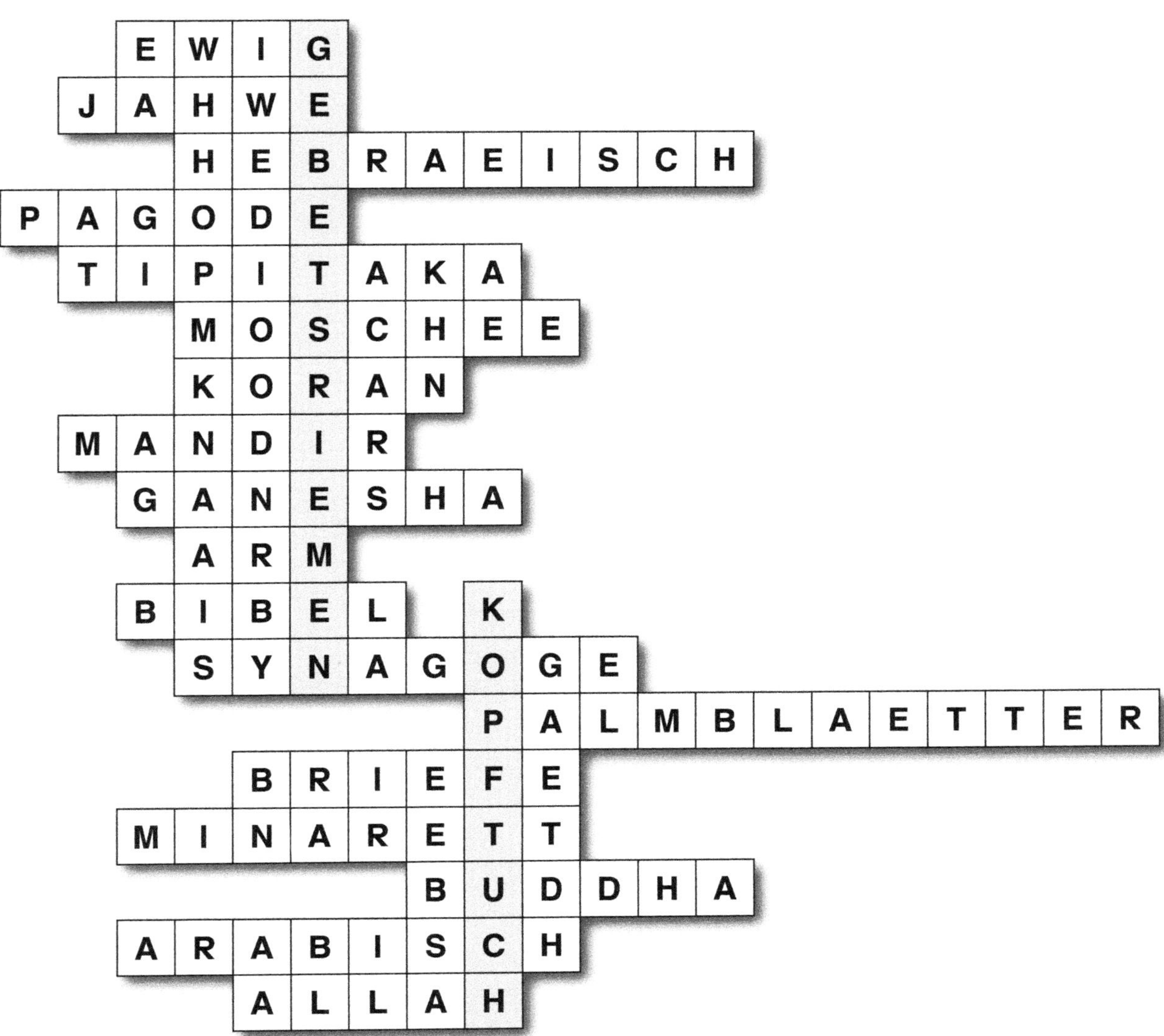
EWIG
JAHWE
HEBRAEISCH
PAGODE
TIPITAKA
MOSCHEE
KORAN
MANDIR
GANESHA
ARM
BIBEL
K
SYNAGOGE
PALMBLAETTER
BRIEFE
MINARETT
BUDDHA
ARABISCH
ALLAH

Seite 74

Das folgende Beispiel zeigt nur einige Antwortmöglichkeiten. Darüber hinaus lässt sich die Mindmap auch noch um weitere Themenbereiche erweitern.

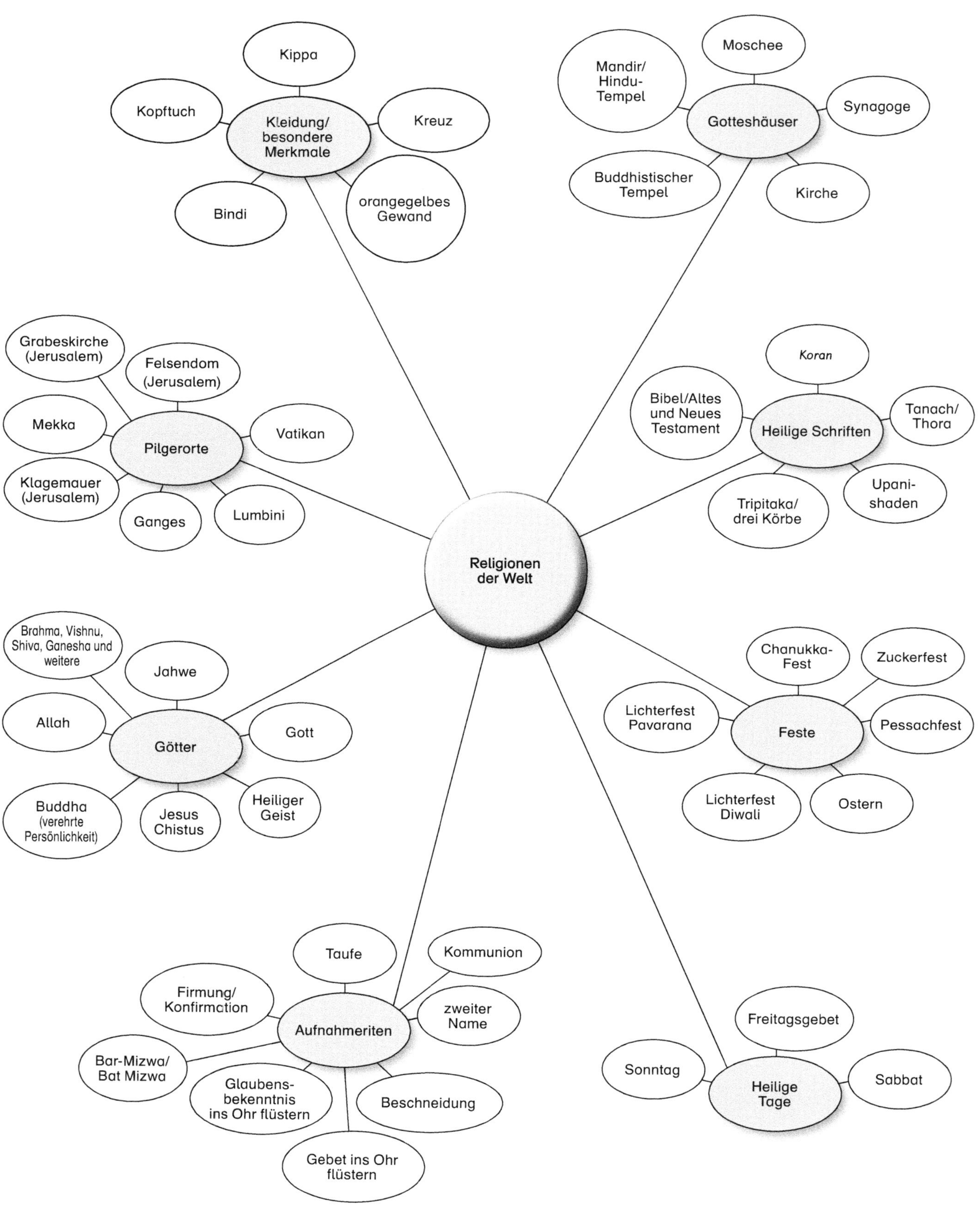

S. 62, 63:
Luther Bibel (Levitikus), revidierter Text 1984, durchgesehene Ausgabe © 1999 Deutsche Bibelgesellschaft, Stuttgart (www.bibelwissenschaft.de, Stand: 19.10.2017)

S. 62:
Koran (Sure 17) © ADWORKERS UG (www.koran-auf-deutsch.de, Stand: 19.10.2017)